改訂新版

人間 この未知なるもの

アレキシス・カレル

上智大学名誉教授
渡部昇一　訳・解説

東北大学大学院教授
江藤裕之　編集

三笠書房

■訳者序文

私が人生で強烈な影響を受けた代表的恩書

人間の可能性とその未来を生理学的、哲学的に考察した比類なき内容

渡部 昇一

人生をふりかえっては、あの時のあの師との出会い、かの時のかの書物との出会いなどを思い出し、現在の自分の考え方とか感じ方が、主としてそういう出会いによって作られてきたものであることを今更のように実感することがある。

時間を隔ててみるとますます有り難く、後光《ごこう》がさすように感じられる恩師。そして、身近においてますます重さを増してくる恩書。

そうした書物の一冊に、本書、アレキシス・カレルの『人間 この未知なるもの』がある。

著者のカレルについては、後ろの「訳者解説」で少し詳しく述べるが、彼はフランスの高名な外科医で、一九一二年にノーベル生理学・医学賞を受賞している。本書『人間 この未知なるもの』は一九三五年に初めて出版され大反響を呼んだ。数年にして十八カ国に訳され、数百万部売れたという。

この本との最初の出会いがあったのは、私が大学二年生の時、倫理学を担当された望月光先生の

おかげである。

望月神父は当時それほどのお歳とも思われなかったが、黒い神父服を着て、黒いあごひげをはやし、黒眼鏡をかけておられた。ヒッピー風が入りこんだ昭和四十年代ならいざしらず、戦後それほども経っていない一九五〇年頃にしては特異な外観と言うべきであったろう。

先生は倫理学の中でも社会倫理を扱う際はマルクス主義の余剰価値説の解説から入り、その説をよしとされているようでもあった。先生のおかげで「肉体の倫理」という項目のあることを知った。いよいよ学期末になって試験ということになった時に、最後の授業で、望月先生は『人間　この未知なるもの』をあげ、「この本を読んで分かってくれればそれでよい」という、やや唐突な感じの宣言をなさった。講義のノートは読み返さなくてよいことになったので、さっそく神田に出かけて桜沢如一《さくらざわゆきかず》氏による訳（無双原理講究所刊。一九三八年初版、一九四一年第三版）のカレルの本を買ってきた。


このようなわけで、カレルとの出会いは学期末試験のノート代わりということで始まったわけだが、このきっかけを作ってくださったことに対して、私は望月先生に今なお深く感謝している。カレルはずっと私の側《そば》にあって刺激を与え続けているからである。

『人間　この未知なるもの』のまえがきを読んだ時から、私はカレルに捕らえられてしまった。そこには、こう書いてある。

私〔カレル〕は人間というものの活動形態のほとんどすべてを観察してきた。（中略）私がこのように壮大な光景を目《ま》のあたりにすることができたのは、現代文明が生み出した科学技術のおかげである。（中略）ここ〔ロックフェラー医学研究所〕で私は、メルツァーやレーブ、野口英世といった偉大な専門家たちが生命のさまざまな現象を分析している間、それらを考察してきたのである。（中略）実際、この本の一字一句のほとんどが、一人ひとりの学者の長きにわたる労苦、忍耐強い研究、時にはたった一つの問題の解明のために一生涯をかけたような苦難の結晶なのである。

これこそ私が求めていた本ではないか、と雀躍《こおど》りせんばかりに喜んだ。

医学一つをとっても高度の専門の分化が進んでいることは、門外漢の私にも分かっている。だから一人の専門家の書いたものは、局部の精密な顕微鏡写真みたいなものになりそうな心配があると思っていた。

専門家が書いたものは、たとえば目かくしをした人に、象を部分的にさわらせて説明させるようなものである。象の脚だけにさわってみれば象は太い柱のようなものと言えるであろうし、牙だけにさわってみれば象は大きな角《つの》のようなものと言えるであろうし、鼻だけにさわってみれば象は大きな蛇のようなものと言えるであろうし、腹だけにさわってみれば象は壁みたいなものと言えるであろうし、尾だけにさわってみれば象は鞭《むち》のようなものと言えるであろう。

しかし、象はそのいずれのようなものでもないのである。

「象はどのようなものであるか」をてっとりばやく示すのは、象のスケッチを描いて見せることだ。背景や象使いまで一緒に描けばさらに分かりやすいであろう。

その場合、目かくしをして象に触れた人が「おれは象を間接的でなく、直接にこの手で触れて知っているのだぞ」と自慢してもはじまらない。目かくしをして象の一部に触れただけでは、その体験自体は直接的であっても、象に対する誤解を大きくするにすぎないのである。

間接的にであれ、スケッチで象を知った人のほうが象のイメージはより正しくつかんでいると言えよう。人間のような複雑なものを対象にしては、単に専門的研究分野を深くするだけでは、目かくしをして象の脚だけ、さらに象の脚の爪だけ撫《な》でるのと似たことになるのではないか、という危惧《きぐ》は、常識のある人であれば誰の頭にも浮かぶであろう。

ところがここにカレルという天才的な大医学者が現れて、人間のスケッチを大胆に示してあげようというのだ。したがってこの本の一字一句は、さまざまな学者の一生の研究の結晶であるというのだ。

そのような本を前にして、胸の躍らない人はよっぽどどうかしている。

私は倫理学の試験のことなどは二の次にして、カレルに読みふけった。この本はそれまで自分が知らなかったこと、考えてみたこともなかったことで満ちている。しかも、その一字一句はそれぞれの専門分野の学者が一生をかけて研究して到達した結論である、というカレルの言葉の重みがずっしり胸にこたえた。

春休みに郷里に帰る前に、神田の古本屋でこの本の英語版を見つけた。一九五一年の春休みは、カレルのこの本と岩下神父の『カトリックの信仰』を読んで毎日の半分を過ごした感じである。その年の夏休みにもそれは続き、いつの間にかこの二冊の本は（それにヒルティが加わり、少しあとになって幸田露伴が加わった）、いつでも側に置いてときどき開く本、つまり古人が「座右《ざゆう》の書」と言ったものになった。

大学院を出てから半年ばかりした一九五五年の十月に私は西ドイツに留学したが、そこの書店でカレルの著書のうちの三点、つまり『人間　この未知なるもの』、『人生の考察』、『日記』のドイツ語訳を見つけ、それを精読した。カレルの迫力は少しも落ちていなかった。ドイツでは時間的余裕があったので、「カレルとともに考える」といった調子で読んでいったことを懐しく憶《おも》い出す。

『人間　この未知なるもの』の初版は一九三五年であるが、四年後の一九三九年版に、彼は特別の序文をつけている。

その冒頭《ぼうとう》において彼は「本書は古くなるにつれてますます時宜を得たものになるという逆説的《パラドキシカル》運命《デステニイ》を持っている」と言っている。

これは本を書く人間として言い得る、最も幸せな一行であろう。つまり「自分の予言の通りになっているではないか」ということだからである。

カレルの本は、西洋文明という、自然科学の発見を含む人類空前の大文明を作った西洋人が、人間というものを十分知らなかったために崩壊の危機に瀕している、という危機感から書かれている。

カレルは特にフランスとアメリカの当時の情況を念頭に置いていたと思われる。そして彼の願うところは、欧米人の心ある人たちが、人間をよく知り、欧米人の退化をとめる方向に努力することであった。

カレルの考察が欧米人中心であること、特にフランスとアメリカを中心としている点は、一九三五年前後の世界の情勢から考えてやむを得ぬことであったであろう。カレルは自分の知らないことは扱わないから、アジアの民族の歴史や文化、あるいは黒人文化に立ち入ることはない。しかし一九三五年前後、新世界と英語圏の代表としてのアメリカ、旧世界とラテン語系諸国の代表としてのフランスを考えることは、今はやりの言葉で言えば、先進国の人間と、先進国病の観察ということに等しい。

日本も先進国の仲間入りをして久しい今日、本書の中でカレルの述べていることは決して他人事《ひとごと》ではない。現在の自分や、現在の日本を考える場合でも、ますます多くの重要な視点を与えてくれるのである。

もくじ

第1章 人間とは何か——その多様な資質の未来

第2章

「人間の科学」——知識の分析から総合へ

第3章

行動する身体と生理的活動

第4章

「精神」——その力の解明の歴史

第5章

人生の密度と「内なる時間」

第6章 変化と適応の構造

第7章

「知的個人」の確立

第8章 人間再興の条件

改訂新版　人間　この未知なるもの

本書をわが友 フレデリック・R・クーダート、コーネリアス・クリフォード、
ならびにボリス・A・バフメテフに捧ぐ

■まえがき

本書の一字一句は、さまざまな学者の一生の研究の結晶である

私は一科学者ではあるが、人間というものの活動形態のほとんどすべてを観察してきた。途方にくれるほど複雑な生命の現象を、大した苦労もせずに研究できる立場にあったのは、きわめて幸運であった。

貧乏人と金持ち、健康な人と病める人、学識の高い人と無学な人、精神疾患を抱えた人、犯罪者、また、農場主や労働者、事務員、商店主、金融業者、製造業者、政治家、軍人、大学教授、学校教員、牧師、農夫、ブルジョワ、貴族といったさまざまな人々に出会うことができた。

幸運にもこういう生活環境のおかげで、私は哲学者や芸術家、詩人や科学者とも知り合った。天才、英雄、聖人にも知己を得た。それと同時に、体の奥深くにあって、身体的・精神的現象の基盤をなしている隠れたメカニズムについて研究したのである。

私がこのように壮大な光景を目《ま》のあたりにできたのは、現代文明が生み出した科学技術のおかげである。

これらによって、同時にいろいろな現象に注目することができた。

私は新しいだけでなく、古い世界にも住んでいる。そして、ロックフェラー医学研究所のためにフレクスナー（サイモン・フレクスナー、一八六三－一九四六。アメリカの病理学者、細菌学者）が集めた科学者の一人として、その研究所で多くの時間を過ごせるという幸運を得た。

ここで私は、メルツァー（ドナルド・メルツァー、一九二二－二〇〇四。アメリカの精神分析医）やレーブ（ジャック・レーブ、一八五九－一九二四。アメリカの生理学者、生物学者）、野口英世（一八七六－一九二八。日本の医師、細菌学者）といった偉大な専門家たちが生命のさまざまな現象を分析している間、それらを考察してきたのである。

フレクスナーにより、生物の研究は、それまでとは比べものにならないほど、広い視野で行われることになった。人体がかたちづくられるまでの、各器官のすべての段階における状態が、この研究所で研究されている。

物理学者はレントゲンを使って、人体の組織を構成する分子の構造と、分子を構成する原子の構造関係を明らかにしている。

化学者と物理学者は、体の中にあるもっと複雑な物質、たとえば血液中のヘモグロビンや、組織や体液の中の蛋白質や酵素などの分析に取り組んでいる。

また、そういった物質が体液に入ったときの作用を研究している化学者もいる。つまり、組織は常に変わっているのに、血清の成分は一定に保たれているという物理化学的均衡についての研究である。

このようにして、生理的現象の化学的な側面も明らかになってきた。生理学者には、さまざまな科学技術を駆使して、原子の集合から構成されるさらに大きな組織、器官や血清の細胞、つまり生物体そのものを研究しているグループもある。

さらにこれらの細胞、その結合状態、周囲との関係を調整している法則、器官と体液からできている人間全体、宇宙の環境がそれに与える影響、化学物質が組織や意識に及ぼす効果についても調べている。

また、ウイルスやバクテリアのように、伝染性の病気を起こす微小な存在、人体組織の抵抗力、癌《がん》や心臓疾患や腎炎のような組織を変質させる病気、といったことを研究している専門家もいる。そこでようやく、個体とその化学的基盤という重要な問題も解明され始めている。

私は、こういった研究をしている優れた学者の話を聞き、その実験の結果をたどるというチャンスに恵まれている。

そして、それ自身は動く力のない物質が組織を作ろうとする力、生命の特性、人間の身体と心の調和などを大変美しいと思った。

さらに自分自身でも、外科、細胞生理学、心霊学といったきわめて広汎な範囲の研究している。これは、研究所で科学的な研究が自由にできる設備を使えたからこそできたのである。

フレクスナーに生物学の新しい概念と研究方法が浮かんだのは、ウェルチ（ウィリアム・ヘンリー・

ウェルチ、一八五〇‐一九三四。アメリカの医師、病理学者）の着想の鋭さとゲイツ（フレデリック・T・ゲイツ、一八五三‐一九二九。米国の聖職者、教育者）の理想主義によるものと思われる。フレクスナーは、研究者の時間を節約し、お互いの協力を容易にして、さらによい実験技術を生み出せるような手法を考案した。

おかげで、自分の研究成果をいっそう広められるだけでなく、以前なら一生かかってようやく得たような知識を、すぐに知ることができるようになった。

現在、私たちは、人間についての情報があまりにも多すぎて、それをうまく使いこなせないでいる。知識は簡潔にまとまっていなくては役に立たない。

私は本書を人間に関する学術論文にしようとは思っていない。私はただ、人間に関するデータを、分かりやすくまとめたいのである。数多くの基本的な事実を、分かりやすく述べながらも、決して初歩的ではない本にしたい。

科学を通俗化しようというのではなく、一般の人に現実の弱く愚かしい面を見せようというのでもない。一般の人のためだけでなく、専門家のためにもこれを書くのである。

それがどんなに難しくて大胆な試みであるか、私はよく知っている。一冊の小さな本の中に、人間に関する知識を全部盛り込もうとするのである。

専門家は、自分たちのほうがもっとよく分かっているし、私が言うのは上っ面のことだけだと言って満足しないだろう。また、一般の人は、あまりに専門的で細かすぎると思うかもしれない。

しかし、人間自身について総合的に知るためには、科学のいろいろな分野のデータをまとめて、人間の調和のとれた行動と思想の底に隠れている、身体的、化学的、生理的なメカニズムを、力強いきびきびしたタッチで描写することが絶対必要なのである。

それがどんなにお粗末で、たとえ部分的には間違っていたとしても、やらないよりははるかによいのだ。

実際、この本の一字一句のほとんどが、一人ひとりの学者の長きにわたる労苦、忍耐強い研究、時にはたった一つの問題の解明のために一生涯をかけたような苦難の結晶なのである。

だからこの本では、真実を述べてはいるが、おおよそ正確であるにすぎない、ということを念頭においてほしい。広い分野について短く述べようとすれば、どうしても欠けたところができてしまう。景色のスケッチには、写真のような細かな描写を求めてはいけないのである。

この本の執筆を始める前、私はこれがどんなに難しいか、ほとんど不可能に近いのではないか、と考えていた。

しかし、誰かがやらねばならないから、というだけの理由で、自分がやることにした。というのも、人間は現代文明を今のままで続けていくことはできないし、それはすでに退廃してきているからだ。

人は、物質の持つ科学的な美しさに、夢中になっている。自分たちの心と体が、天体の世界の法則ほどはっきりはしていないにしろ、厳格な自然界の法則に支配されていることに、十分気がついていない。

また、自然界の法則を破れば、必ずしっぺ返しがあることにも気づいていない。だからこそ、宇宙や人間について、人間の内面や器官、そして心について学ばねばならないのである。

こういう理由で、この本は書かれた。

静かな田舎ではなく、ニューヨークという混乱と騒音と疲労の地で書き上げられた。

私は何年もの間、現代が抱えているさまざまな大きな問題を一緒に検討してきた、友人や哲学者、科学者や法律家や経済人たちに、この仕事をやるようにと熱心に勧められてきた。特に友人のクーダート（フレデリック・R・クーダート、一八九八－一九七二。アメリカの法律家、政治家）の洞察力は、アメリカの枠を超えて、ヨーロッパまで鋭く見通しており、それがこの本を書く契機になった。

本書は、人間に関する現代の科学的知識および科学的データのすべてをまとめてご覧いただき、読者の皆さんに考えていただきたいと思って書かれたものである。

私たちは自分たちの文明の弱点に気づき始めた。多くの人々が、現代社会によって押しつけられた独断的なものの見方を振り払いたがっている。

そこで、そういう人たちのために、そしてまた精神的、政治的、社会的変化の必要性を認めるだけでなく、工業文明をくつがえし、人間の進歩についての概念を新しくつくる必要があることを認めるだけの大胆さを持った人たちのために書かれたのである。

この本は、日々子どもを育て、人を指導する仕事をしている人たち、また学校の教師、衛生学者、医師、牧師、社会奉仕家、大学教授、裁判官、技師、経済人、政治家、産業界の指導者たちに捧げたい。そして、ただ自分自身の心と体について知りたい、という人にも読んでいただきたい。

つまり、本書は、科学的観察によって明らかにされた人間に関する一切の事実を、飾らずにありのまま、すべての人々に提示しているのである。

第1章

人間とは何か
――その多様な資質の未来

1 人間は「人間そのもの」を知らなすぎる

自力では動けないものを扱う物質（無生物）の科学と、生物を扱う科学を比べてみると、ひどいアンバランスがある。

物質科学の代表である天文学、機械学、物理学は、数学的な表現できわめて簡潔に、美しく表すことのできる概念に基づいている。よく調和のとれた宇宙をかたちづくり、ありふれた考え方を超えて真実を求め、言葉で言い表せない理論を、記号による数式だけで作り上げる。

しかし、生物を扱う科学はそうはいかない。生物を研究する学者は、まるで魔法の森の中に迷いこんだようなもので、まわりにある無数の木は絶え間なく所を変え、形を変えるのである。そこで、おびただしい事実に打ちひしがれ、それを描写することはできても、数学的な方程式で定義することはできない。

物質の世界に属するものは、原子であろうと星であろうと、岩であろうと雲であろうと、鉄であろうと水であろうと、重さや容積といった量れる数値があるので、数字や記号で抽象的に表すことができる。具体的な事実そのものではないこの抽象的表現が、科学的理論なのである。

対象物を観察する科学はそのものの状態を描写し、それによって現象を分類するだけであり、探究の程度としては低い。

しかし、数値は異なっても変わらない関係――つまり自然の法則というものは、科学が具体的なものから抽象的なものになってはじめて現れるものなのである。

物理学と化学が、あのような素晴らしい急速な進歩を遂げたのは、抽象的で、かつ数量的であったからである。物理学や化学は自然の最終的な摂理をあばくとは言わないまでも、将来どんなことが起こるか予測でき、時には、それを自由に操る力さえ与えてくれる。

物質の組成や性質を学ぶことにより、私たちは、地球上に存在するほとんどすべてのものを支配できるようになった。ただ、人間だけはそれに含まれない。

生物、特に人間を研究する科学は、全般的にずっと遅れている。まだ観察、描写の段階にとどまっているのだ。人間は、きわめて複雑にでき上がっていて、簡単に表すことはできない。人間は、全体にしても、その一部にしても、また、外界との関係にしても、一度に把握する方法はない。

人間を分析するには、さまざまに異なる科学を利用するが、それぞれの科学は、一つの対象に対して違った見方をする。それぞれの分野に特有な方法で得られる情報だけで判断するからである。

そして、この断片的な判断を全部集めても、具体的な一個の人間からはほど遠いものになる。無視してはいけない大事なことまで見落としている。

解剖学、化学、生理学、心理学、教育学、歴史学、社会学、経済学といったものは、人間を研究し尽くしてはいない。専門家が言う「人間」とは、現に存在している具体的な人間からはほど遠いのである。

私たちには多様な資質が組み込まれている

人間とは、解剖学者が切り刻んだ死体でもあり、心理学者や宗教家が観察した意識でもあり、誰の心の奥底にもあることが分かる個性でもある。

また、組織と体液からできている化学物質だとも言える。驚くほど多くの細胞と養分を含んだ液体から成っており、生理学者は、その組織の法則を研究している。

さらに、人間は人体の組織と意識の結合したものであり、衛生学者や教育者は、組織と意識に最善の発達をさせようと努力している。

また、人間は自らが奴隷と化している身体という名の機械を動かし続けるために、絶えずでき上がった品物を消費しなくてはならない経済人《ホモ・エコノミクス》でもある。

だがまた、詩人であり、英雄であり、聖人でもある。科学技術によって分析される複雑な存在であると同時に、推測したり、抱負を抱いたり、ある考えに傾いたり、といった性質も持っている。

私たちが抱く人間という概念は、しかも不正確なので、自分の好みに合った解釈を選びたいという誘惑に駆られる。だから人間に対する概念は、それぞれの人の見方、考え方によって変わってしまうのである。

人間の中にある広大な「未知の世界」

実際、私たちは、人間について本当に何も知らない。

人間を対象にしている研究者は、さまざまな疑問を抱いているが、まだ答えは見つかっていない。人間の持つ広大な内なる世界は、まだ知られていないのである。

化学物質の分子が細胞の一部になるためには、どうやって結合するのだろうか？　受精卵の核の中の遺伝因子は、どうやって個性を決めるのだろうか？　細胞は、どうやって筋肉や内臓になるのだろうか？　実は、細胞は自分が組織の中で果たす役割を、前もって知っている。そして隠れたメカニズムによって、細胞は単純な器官にも、複雑な器官にもなるのである。

では、心理的時間と生理的時間の持続とは、どういう性質のものであろうか？　私たちは、自分が筋肉、内臓、体液、そして意識からできていることを知っている。しかし、意識と大脳の関係はまだ謎であり、神経細胞についての生理学的知識は、ほとんどない。

どの程度まで、意志の力で体をコントロールできるのだろうか？　精神は、体の状態によってどう影響されるのだろう？　めいめいが遺伝的に持っている身体的・精神的特性は、気候、生活様式、食品添加物、身体と精神の鍛錬などによって、どのように変えられるだろうか？

骨格、筋肉、内臓と、知的、精神的活動の間にはどんな関係があるのかもほとんど知られていない。気を鎮めたり、疲労から回復し、病気から快復するのは、どんな要因によるのかも分からない。

さらには、どうやって、道徳観念や判断力や大胆さが高められるのかも知られていない。知的活動と精神的活動と宗教的活動とでは、どれが重要なのだろうか？　審美的、宗教的な感覚の意義は何だろうか？　テレパシーには、どんな形のエネルギーが関係しているのか？

幸福だとか不幸だとか、成功したとか失敗したとかが決まるのは生理的要因や知的要因によるものだが、それが何なのか分からない。人間の力では、人に幸福になる素質を与えることはできない。

文明人が最善の発達を遂げるには、どんな環境が最も望ましいのか、まだ分かっていない。どうしたら、生理的、精神的な面における苦闘や努力や悩みを追い払うことができるだろうか？　どうしたら、現代文明の中で人間が退化するのを防ぐことができるだろうか？

他にも、私たちにとって重要なさまざまな分野で、さらに多くの問いが投げかけられているが、まだ答えは出ていない。

これまで科学のあらゆる分野で、人間は研究されてきたが、分かったことはまだわずかであり、結局のところ、私たちは人間について、ほんの初歩的な知識しか持っていないのである。

2　すべての科学の中で「人間の科学」がいちばん遅れている

私たちが人間のことを知らなすぎるというのは、どういったところに原因があるのだろうか。

まず、人間は生きなければならなかった。そのためには、外の世界を征服する必要があった。食べ物と住居を確保し、野獣や他の人間と戦わねばならなかった。

長い間、私たちの祖先は、人間を研究しようなどと思いもしなければ、そのひまもなかった。武器や道具を作り、火を発見し、牛や馬を馴らし、車を作り出し、穀物による文化を生み出すことに頭を使っていたのである。

体や心の成り立ちに興味を持つずっと前から、人は、太陽、月、星、潮の干満、季節の推移について考えていた。生理学がまだ全然知られていない頃に、天文学はずいぶんと進んでいた。ガリレオ（ガリレオ・ガリレイ、一五六四－一六四二。イタリアの物理学者、天文学者）が、地球を宇宙の中心という地位から、太陽系の一つの惑星に引きずり降ろしてしまった頃、当時の人たちは、脳や肝臓、甲状腺の仕組みや機能について、最も初歩的な知識さえ持っていなかった。

自然な状態のもとでは、人間の器官は十分に働いたので、特に関心を向ける必要もなく、科学は人間の好奇心を満たす方向――つまり外の世界――へと発達したのである。

地球上に住み続けた無数の人間の中には、未知のものを直観する力、新しい時代を創造する力、ある現象の間にある隠れた関係を発見する力が、並み外れて優れた人々が時おり生まれた。物質的宇宙を探ったこういった人たちのおかげで、知られていなかった法則がだんだんと明らかになった。そして、物質の世界を有効に利用できるようになった。

科学者は自らの発見を実用化することでお金を儲け、一般の人はそのおかげで生活が楽になったと言って喜んだ。

誰もが、人間の身体や意識のメカニズムを発見することよりも、自分たちの仕事や負担を軽くし、交通や通信を迅速にして、生活を楽にしてくれる発明のほうにより興味を持った。

物質世界の征服は絶え間なく人間の注意と意志を引きつけ、そのために、より本質的な、精神の世界は、ほとんど完全に忘れ去られてしまった。

事実、私たちを取り巻いている物質に関する知識は絶対に必要だが、自分たちの本質に関する知識は、あまり役に立たないと思われたのである。


しかし、病気、痛み、死、そして、目に見えない力を知りたいという思いは、心と体の内面の世界へと、人々の注意を引き始めた。

医学は初めのうち、薬で病気を治すということだけに満足していた。病気の予防や治療には、健康な体と病気の状態を完全に理解しなければならないと気がついたのは、ごく最近になってからである。

そこで、解剖学、生化学、生理学、病理学が生まれた。

しかし、私たちの祖先は体の痛みや病気などよりも、生きていることの神秘性、よく生きることへの悩み、未知のものを知りたいという欲求、超自然現象などのほうが、もっと大事だと思った。

それで医学の研究より、精神世界や哲学を研究するほうに、より偉大な人たちが引きつけられたのである。そのため、生理学の法則より、神秘的な法則のほうが先に知られるようになった。

しかし、そういう法則も、人間にある程度余裕ができて、外の世界と闘うこと以外のことにも少しは目を向けられるようになってはじめて、明らかになったのである。

人間の知性と抽象化の能力について

人間そのものについての知識がなかなか進歩しなかったのは、他にも理由がある。人の心は、単純な事柄を考えるほうが好きなようにできている。生物や人間の構成といった込み入った問題に取り組むのを嫌がる傾向があるのだ。

知性は、もともと生命を理解する能力に欠けているようだ、とベルクソン（アンリ＝ルイ・ベルクソン、一八五九－一九四一。フランスの哲学者）も書いている。

その反対に、人間は意識の奥深くで、幾何学的な形を好み、宇宙でその形を見つけるのを望んでいる。こういった幾何学的な形を好むことは、建造物が少しもずれることなく均整がとれていたり、機械が正確であることによく現れている。

しかし、幾何学は人間が作り出したものである。

自然界は、人間が考えるように正確なものではないのだ。私たちが考える明白さ、正確さは、この世にはない。

複雑な現象を単純にして、数式や記号で表して理解しようとする。人間の知性が持っているこの能力のおかげで、物理学と化学は驚くほど進歩した。また、生きものの物理化学研究も素晴らしく進んだ。

ずっと前にベルナール（クロード・ベルナール、一八一三－一八七八。フランスの医師、生理学者）が考えたように、化学と物理の法則は、生物の世界にも無生物の世界にも当てはまる。これは、現代の生理学が、たとえば血液中のアルカリ性の状態も、海水のアルカリ性の状態も同じ法則で表せるとか、筋肉の収縮に必要なエネルギーは、糖分の発酵作用によって補われることを発見できた、という事実によっても明らかである。

人間の物理化学面に関する研究は、地球上の他の物体の研究に比べて、特に難しくはない。生理学が成し遂げたのは、こういう分野の仕事である。


本当の生理学的現象の研究――生物の組織から生じる現象の研究――は、もっと高いハードルにぶつかっている。

分析する対象があまりに小さいので、物理・化学で使う普通の方法は役に立たない。どんな方法であれば、性細胞の核や、染色体を構成している遺伝因子の化学的構造を明らかにできるだろうか？

ある組織、たとえば神経などは大変もろくて、生きている状態で研究するのはほとんど不可能である。

大脳のメカニズムや、大脳の細胞が見事に組み合わされている理由を見抜ける技術も私たちは持っていない。

そこで物理学、化学、機械学や、哲学、宗教学の部門ですでに役立つことが証明されている概念を、この込み入った生理学的現象の研究にも使ってみようとする。

しかし、そういう試みはなかなかうまくいかない。なぜなら、人間を一つの物理化学的なつながりとか、精神だけの存在とかに単純化することはできないからである。

「人間の科学」は、あらゆる科学の概念をすべて使わなくてはならないのと同時に、それ自身の概念も作り出さなければならない。人間の科学は分子や原子や電子の科学と同じように、基本的なものだからである。

手短かに言うと、物理学、天文学、化学、機械学などの素晴らしい進歩に比べて、人間に関する知識がずっと遅れているのは、先人に時間的余裕がなかったのと、人間が複雑でありすぎるのと、私たちの心がそれに向くようにできていないせいなのである。

人間に関する知識は、単純化・抽象化されることもなく、物理学の持つ美しさも得ることはできない。

私たちは、すべての科学のうちで、「人間の科学」がいちばん難しいということをはっきり認識する必要がある。

3 科学は真の「幸福」をもたらしたか

科学を利用することで、人間の習慣に大きな変化が起きたのは最近のことである。実は、私たちは、まだ大きな変革の中にいるのだ。

だから、自然な生き方からどのように人為的な生き方に変わったか、環境の変化から人間がどのような影響を受けたか、はっきり言うのは難しい。

しかし、変わったことだけは確かである。生物はどれも深く環境に依存しているから、自分が変わることによって周囲の変化に適応する。私たちは、現代文明によって与えられた生活様式や、風習、食事、教育、知的・道徳的習慣から、どういう影響を受けたか、確かめなければならない。

この重大な問題に答えるためには、まず科学による恩恵を最初に受けた国々の状態を、注意深く調べる必要がある。

人間が、進んで現代文明を受け入れたことは確かだ。人々は自然の中の生活を捨て、都市や工場のまわりに集まった。そして熱心に、新しい生活様式や活動、考え方を取り入れた。

骨の折れる古いやり方は、ためらわずにやめてしまった。

畑で働くより、工場や事務所で働くほうが疲れないですむ。田舎でさえ、新しい技術が取り入れられて、生きるのが楽になった。

さらに、現代的な家屋はみんなの生活を楽にした。住みやすくて暖かく、明かりがついて気持ちのよい家の中で、人々は落ち着き、満足した。その近代的な設備のおかげで、昔は女性にとって大仕事だった家事労働はとても楽になった。

肉体的な労働が減り、快適になったばかりでなく、目の前にある数えきれないほどの娯楽を楽しむことができ、大勢の人と一緒に生活していられて、考え込むことはしないですむという特権を受け入れた。また、知識万能の教育を通じて、宗教的戒律に基づく精神的束縛からも解放された。


実際、人々は新しい生活のおかげで、自由になったのである。刑務所に入るようなことさえしなければ、あとは、自由にお金儲けをすることもできる。世界中のどこにでも行くこともできる。


しかし、一方で現代生活の与える娯楽や低俗な楽しみを喜ばない人も、だんだん出てきている。また、抑圧から解放されたために、食事やアルコールやセックスを、度を越して楽しむようにもなった人もいるが、健康上の理由で好き放題やることができない人もいる。

その上、こういう人たちは、仕事や生産の手段や、貯金や財産を失うのではないかといった恐れにとりつかれている。私たちすべての心の底にある、安らぎを求める願いが満たされていないのである。社会保険があっても、将来のことが心配だ。多少なりとももものを考えている人たちは、この社会に満足しきれなくなっている。

私たちが古代人に教わるもの

それでも、健康状態が改善されたのは確かである。死亡率が低下したばかりではなく、誰もが健康になり、体も大きくなった。

今の子どもたちは、親よりずっと背が高い。栄養のある食べ物が豊富にあり、運動もするので、体は大きくなり筋肉も強くなった。

しかし、スポーツに興じ、現代生活の利点をくまなく楽しんでいるように見える人々が、昔の人より長生きするとは限らない。むしろ、短いことすらあり得る。

というのも、昔の人よりも疲労や悩みへの抵抗力が減っているように思われるからである。自然の中で体を使って、困難や悪天候にも馴れていた昔の人のほうが、現代のスポーツ選手たちよりもっと体を動かして鍛えていたように見える。

現代の教育を受けて育った私たちは、十分な睡眠と栄養のある食事と規則正しい習慣が必要だ、ということを教えられた。

しかし、実際私たちの神経はデリケートで非常に弱い。それは大都市での生活形態や、オフィスに閉じこもっての仕事や、仕事上のストレス、さらには日常生活における困りごとや悩みごとなどにさえ耐えられない。簡単に神経を病んでしまう。

たぶん、衛生学や医学、そして現代の教育は、私たちが信じ込まされているほど、人間にとって具合のよいものではないのかもしれない。

また、乳幼児の死亡率が極端に減ったことも、本当によいことなのかどうか考えてみなくてはならない。

実際、病弱者が健康者のように無理やり生かされている。自然淘汰の役目が果たされていないのである。この先、人類の未来はどうなるのか誰にも分からない。

しかし、私たちはもっと深刻な問題に直面しており、すぐ解決するよう迫られている。

幼児の下痢、結核、ジフテリア、腸チフスがなくなった代わりに、精神疾患の患者や変質者が増えているのだ。

アメリカのある州では、精神疾患の専門病院に入っている患者の数は、他の病院にいる患者の合計より多い。精神疾患と同じように、神経の病気とか、うつ病のようなものも、ずっと増えているようである。

こういったことは患者本人にとっても最も悲惨なことであるし、家庭崩壊をもたらす一番大きな要因である。

近代教育がもたらした忍耐力と知性の劣化

多くの人は、男性も女性も以前よりもよく教育され、少なくとも表面的にはいっそう洗練されているように見える。読書はますます好まれるようになった。昔よりたくさん、評論雑誌や書籍が売れるようになった。科学や文学や美術に興味を持つ人も、ずっと多くなっている。

しかし、多くの人々の心を引きつけているのは、主に低俗な文学や、まがいものの科学や芸術なのである。

子どもを育てるために立派な設備を作っても、細心の心配りをしても、その知的・道徳的水準を上げるのには、役に立っていないように見える。

体の発達と知力の高さの間には、相反するものがあるのではないかとさえ思われる。強制される規律がなくなって、興味のある科目を勉強するだけでよくなり、知的な努力や自発的な行為を要求されなくなったら、確かに子どもたちにとっては前より学校生活が楽だろう。だが、そういう教育から何が生まれるか？

現代文明における人間の特色は、主として、かなりよく活動はするが、それはもっぱら人生の実用的な面に向けられていること、とんでもなく無知なのに、ある種の抜け目なさを持っていること、そしてある面では精神的な弱さがあり、たまたま置かれた環境の影響を受けやすいということ、などである。

現代社会は、想像力や知性や勇気に満ちた人物を生み出せないように思われる。実際にどこの国でも、責任ある立場にある人たちの、知的・道徳的素質が低下してきている。

金融や工業や商業の規模は、巨大なものになった。そして、それは自分の住む国の状態ばかりでなく、近くの国々、さらには世界全体からの影響まで受けている。

どこの国でも、経済状態と社会状態は非常に早く変化するもので、ほとんどいたる所で、再び政府のあり方が議論されている。

偉大な民主主義国家は、恐るべき問題——民主主義の存在に関して、直ちに解決が求められている問題——に直面していることに気がついた。私たちは、現代文明に大きな望みを託したのだが、この文明が踏み出した険しく危険な道をうまく先導できるような、知性と勇気に満ちた人々を育て上げることができなかった。そのことに、ようやく気づいたのである。

人間というのは、頭で考えるほど早くは育たない。国家を危機に陥《おとしい》れるのは、主に、政治的指導者たちが知的・道徳的に劣っていて、人間のことを知らないことに原因があるのである。

私たちは、新しい生活様式がどのように人類の将来に影響を及ぼすか、突きとめねばならない。工業文明によって、それまでの生活習慣にもたらされた変化に対する女性の反応は、顕著であった。直ちに出生率が下がったのである。このことは、直接的にしろ間接的にしろ、科学的発見による進歩の恩恵を最初に受けた人々や国々で、最も早く、そして深刻なものとなっている。

もはや、科学技術によって引き起こされた環境の変化が、私たちに深い影響を及ぼしたことは明らかである。その結果は思いもかけないものであった。私たちの住居、生活様式、食事、教育、知的環境は変わったが、当然期待できるはずのものとは、あまりにもかけ離れていた。

どうして、こんな逆説的な結果がもたらされたのだろうか？

4 自然の摂理を無視した文明は有害である

この問いに対しては、簡単に答えることができよう。

現代文明は、人間の本質に合っていないから、困ったことになっているのだと。現代文明は、私たちのことを何も知らずに打ち立てられてしまったのである。それは科学的な発見の気まぐれであったり、私たちの持っている欲望、幻影、理論、要求から生まれたものである。私たちが努力して作ったものではあるが、真の人間の姿に合っていないのだ。

明らかに、科学には計画性がない。予想がつかない。その進歩は、天才が生まれたとか、好奇心がそちらの方向に向けられていたとかいった、偶然の要素に頼っている。人間の状態をよくしたいという願望によって動いているのではないのである。

工業文明を起こす原因となった種々の発見は、科学者の気まぐれや偶然から生まれた。

もし、ガリレオやニュートン（アイザック・ニュートン、一六四二－一七二七。イギリスの物理学者）やラボワジェ（アントワーヌ・ラボワジェ、一七四三－一七九四。フランスの化学者）が、その知能を人間の身体と意識の研究に向けていたら、今日世界はきっと違ったものになっていたであろう。科学者たちは、自分がどこを目指しているのか分かっていなかったのだ。

彼らは偶然の機会や、鋭敏な推理や、そしてある種の直感に導かれた。そして、多くの場合、種々の発見は、それがどんな重大な結果をもたらすか前もって分からない。しかし、こういった発見が世界に革命的な変化を起こし、今のような文明をつくったのである。

科学がもたらした富の中から、私たちはある部分だけを選び出した。その際、人間の最高の幸福というものは考えなかった。ただ、本能の赴くままに選んだのである。

迅速な交通機関、電信や電話、商取引の方法、高度な印刷機や計算機、それに骨が折れる家事一切をこなしてくれる機械などによって、私たちの生活リズムは非常に速くなった。だが、当の私たちがそれに耐えていかれるのか、自分の胸に問いかけてみた者は誰もいない。

世界中で、飛行機や自動車、映画、電話、ラジオ、さらにはテレビまでも使われるようになったのは、文明が発達していなかった時代に生きた私たちの祖先が酒を飲むようになったのと同じで、全く自然なことである。スチーム暖房の家、電灯、エレベーター、男女間の新しい関係、食品添加物といったものが受け入れられたのは、こういう新しいものが快適で便利だからにほかならない。

しかしながら、これらが人間に何か悪い影響を及ぼすかもしれないというような考慮は、いっさい払われていないのだ。

科学が人間にもたらした明らかな「悪影響」

産業社会において、工場が労働者の生理的・精神的状態にどんな影響を与えるかについては、全く顧みられていない。

現代の産業は、個人または企業が、できるだけ多くのお金を稼げるように、最小のコストで最大の利益をあげるという考え方に基づいている。そして、機械を動かしている人間の真の性質も知らなければ、工場によって押しつけられた人工的な生活用式のために、私たちや子孫がこの先どんな影響を受けるかについても何も考えようとしないで、近代の産業社会は拡張を続けてきた。

人への影響は顧みられることなく、大都市が建設されている。高層ビルの形と大きさは、もっぱら、一平方フィートごとの土地から最大の収入をあげるためと、借り手が喜ぶようなオフィスや住居を提供するという必要性のためだけによって決められるのだ。

これによって、多すぎるほどの人間が集まって住むことになる巨大なビルが建てられることになった。文明人はこういう生活様式を好んでいる。

人間は、日々快適な生活をし贅沢を楽しむことと引き換えに、生命が必要としているものを奪われていることに気づいていない。現代の都市は、巨大な建物と暗くて狭い通りからできていて、街にはガソリンの臭いや石炭の埃や有毒ガスが満ちみちており、タクシー、トラック、電車は街を引き裂くようなやかましい音を立て、また、大勢の人で絶え間なくざわついている。

明らかに、これは人々の幸福を考えて計画されたものではない。

また、商業広告が私たちの生活に与えている影響にも、きわめて大きなものがある。

こういう宣伝は、もっぱら広告主の利益のために行われ、消費者のことは考えていない。

たとえば、黒パンより白いパンのほうがよいと思い込まされる。そして小麦粉はますます精製され、いちばん体によい成分を失ってしまう。

このように処理すると、より長く保存できるようになり、パンを作るのが容易になるからだ。粉屋とパン屋はいっそう儲かるわけである。

こうして消費者は、白いパンのほうが質がよいのだと信じ込まされ、実は、黒パンよりも栄養の質の悪いものを食べさせられる。こうしてパンが主食の国では、人々の健康は退化していく。

巨額のお金が宣伝に費された結果、私たちは少しも役に立たないばかりか、時には害のある栄養剤や薬品まで、大量に消費するようになる。

このように、現代の世界は、売りたい製品を人々が買いたくなるような方法を十分知った、利口な広告主の貪欲さに振りまわされている。

だが、こういった宣伝にも、企業の利己的な動機によらないものがあるという点にも触れておこう。特定の個人や企業の経済的利益という目的の代わりに、ふつうの人々の幸福を目的とした宣伝もある。しかし、それを、人間についての本質を十分に理解していない人々が行った場合には、やはり悪い効果を及ぼす。

たとえば、たいていの医者がやっているように、幼い子どもたちの成長を促進するために特別な栄養食を食べさせたらどうであろうか？　こういったことを行う医師は、子どもについて十分な知識を持っていないのである。

医者や教育者や衛生学者たちは、人類の利益のために、最大の努力を払っているが、目的を達してはいない。なぜなら、彼らが扱っているのは現実のほんの一部でしかないからである。

人類の利益のためでなく、自分の望みや夢や主義のために活動している人たちにも同じことが言えるだろう。こういう空論家がつくり上げてきた文明は人間のために設計されたにもか拘《かかわ》らず、不完全な、奇怪な人間にしか適合していない。

空論家の心の中だけで組み立てられた政治の組織は、価値がない。フランス革命の理念やマルクス（カール・マルクス、一八一八－一八八三。ドイツ出身の哲学者、経済学者）、レーニン（ウラジミール・レーニン、一八七〇－一九二四。ロシアの革命家、政治家）が描いた幻想は、抽象的な人間だけにあてはまる。そろそろ私たちは、人間関係に関する法則はまだ見つかっていないということを、はっきりと認めなければならない。社会学と経済学は、憶測の科学――つまり偽物の科学にすぎないのである。

こう見てくると、科学と科学技術が人間のためにつくり上げてきた環境が、当の人間には合っていないことに気づく。なぜなら、その環境は、真の人間の姿には関係なく、勝手につくられたものだからである。

5 私たちは今、幸福ではない

要約してみよう。

物質の科学が非常な進歩を遂げた一方で、生物の科学は初歩の段階にとどまっている。

生物の科学の進歩が遅いのは、人間の生存の状態や生命の現象が複雑なことや、私たちの知性が機械的な構造や数学的な抽象を好むようにできていることによる。

科学的発見によって、物質的な世界も精神的な世界も一変した。この変化は私たちに大きな影響を及ぼしている。その悪いほうの結果は、人間の本質について考えることなく行われた点に原因がある。

私たちは自分自身について無知であったがために、機械学、物理学、化学に、祖先から受け継いできた生活形態を変えてしまう力を与えてしまった。

知性と発明がつくり出した環境に「真の人間の姿」が合っていない

本来は、人間がすべてのものの基準となるべきであった。

それなのに私たちは、この世界を自分たち自身のために組織できずにいて、そもそも自分たちがつくり出した世界なのに、まるでよそ者のようだ。

なぜかと言えば、人間の本質について、実際的な知識を持っていないからである。

こうして、生物ではなく、物質を研究する科学の成果が、今では人間をいちばん苦しめている。

私たちの知性と発明がつくり出した環境が、実際には真の人間の姿に、少しも合っていなかったからである。


私たちは幸福ではない。道徳的にも、精神的にも、退化している。

それは、工業文明が最もよく発達した社会や国が弱体化し、そして、ハイスピードで未開の状態へと戻りつつある。

しかし、誰もそれに気づいてはいない。科学が自分たちのまわりにつくり出した危険な環境に対して、私たちはあまりにも無防備である。

事実、理由は分からないが、私たちの文明は、生きることが難しい環境をつくってしまった。現代の都市に住む人々は、その政治的、経済的、あるいは社会的な理由で、いやそれにも増して自分たちの弱さから、心配や悩みの声を上げている。私たちは、生命に関する科学が、このことに関して非常に遅れているがゆえの犠牲者なのである。


この大きな欠点を直すたった一つの救済策は、人間についてもっとずっと深い知識を持つことである。そういう知識があれば、どういう仕組みで、現代の生活が私たちの意識や身体に影響を及ぼしているか、分かるだろう。

そうして、どうやって環境に適合したらよいのか、また、大きな変化が絶対に必要だとすれば、どうすればよいのかも分かるであろう。

この「人間の科学」は、人間の本質や可能性、それを実生活に生かす方法を明らかにすることによって、人間が心理的に弱くなった理由や、道徳的、精神的に病んできた理由についても明らかにしてくれるだろう。

身体の働きや精神の活動の法則を学び、法則に適《かな》ったものとそうでないものとを区別し、そしてまた、環境や自分自身を好き勝手に変えることはできないことに気づくには、他に方法はない。

現代文明によって、人間が自然に生きられる環境が破壊されてしまった以上、「人間の科学」こそが、すべての科学の中で最も必要な分野なのである。

第2章

「人間の科学」
——知識の分析から総合へ

1 「人間」についての膨大な情報をどう整理するか

人間が人間について無知であるというのは、奇妙なことである。

それは、必要な情報が手に入りにくいとか、情報が不正確だとか少ないからではない。逆に、長年にわたって蓄積された人間についてのデータが、多すぎて整理できないからである。

また、人間を研究する際に、人間を細かく分けすぎてしまったことにもよる。

この膨大な知識は、ほとんど利用されていないが、実際、およそ使いものにならないのである。

そのことは、医学、衛生学、教育、社会学、経済学の基礎となる古典的な抽象概念が貧弱であることによく表れている。


しかし、人間が人間を知ろうとした努力の結果生まれた、さまざまな定義、観察、教義、願望、夢などは無数にあり、その中に生き生きとした真実が豊かに埋もれているのも事実である。

科学者の研究成果や哲学者の思索に加えて、過去の長い年月にわたる経験、科学の精神、あるいは時として科学技術によって行われた多くの観察結果がある。

私たちは、こういったさまざまな事柄の中から、有益な情報を選択しなくてはならない。

「自分で観察できるものだけが本当に知っているものなのだ」

人間に関する概念には、頭の中で組み立てた、ただの理論にすぎないものがある。その概念にあてはまるものは、現実世界には見当たらない。

その一方で、経験をベースにした概念もある。

ブリッジマン（パーシー・ブリッジマン、一八八二－一九六一。アメリカの物理学者）は、これらを作業概念《オペレイショナル・コンセプト》と呼んでいる。

作業概念とは、概念を習得するのに必要な作業を意味する。事実、確かな知識を得るには、一つの技術、つまり体か頭を使う作業が必要なのである。

ある物体が一メートルだというのは、一メートルの木か金属の棒と同じ長さということであり、そしてその長さは、パリにある国際度量衡局《どりょうこうきょく》に保存されている基準メートル棒の長さに等しい、という意味なのである。

自分で観察できるものだけが本当に知っているものなのだということは、明らかであって、実験で確認できない概念は無意味である、とブリッジマンは言っている。

概念が正確であるかどうかは、すべてそれを導き出した実験の正確さにかかっている。

仮に人間を「物質と意識で構成されている生きものである」と定義しただけでは意味がない。それは、実験で確かめることができないからである。

しかし人間を物理化学、生理学、心理学の側面から観察できる有機体として見た場合は、人間についての作業概念を与えたことになる。

物理学と同じく、生物学でも、常に現実に即し、科学的に確認できる概念というものは観察に基づいている。

しかし、大脳の細胞が精神作用の中枢であるという概念は価値がない。というのは、大脳の細胞の中で精神作用が行われるのを観察することはできないからである。よって、作業概念だけが、その上に積み重ねができるしっかりした基礎と言えるのだ。

私たちが持っている、人間についての膨大な知識の蓄えの中から、私たちの心の中だけでなく、自然界に存在しているものにも通用するデータを選択しなければならない。

十九世紀の機械主義的生理学が犯した一つの「過ち」

人間に関する概念のうち、人間に特有のものもあれば、すべての生物に通じるものや、科学、物理学、機械学の概念にまで通じるものもある。生物の組織と同じように、概念についても多くの種類がある。

人体の組織では、分子レベル、細胞レベル、さらに、それよりも大きな組織のレベルで、それぞれの段階に応じた生理学の概念が使われる。それは同時に、物理化学の概念にも存在するが、だからといって同じものとするわけにはいかない。

電子、原子、分子、細胞、組織に加え、器官の最も高等な段階では、器官と体液と意識から成る一つの全体が現れる。そうなると、物理化学と生理学の概念だけでは足りない熱力学や適応の諸法則に、人間の特徴である知能や学力で最大の生産をする原理とか、最大の快楽を得る原理とか、自由や平等の追求といった概念が加えられる。

それぞれの概念は、それが属する科学の分野においてのみ正しく使用できる。物理学、化学、生理学、心理学の諸概念は、人体の組織の表面的な段階には適用できる。しかし、ある段階にあてはまる概念を、他の段階に特有の概念と一緒にしてはいけない。

たとえば、熱力学の第二法則や遊離エネルギーの消失の法則は分子レベルで当てはまることであって、心理学的アプローチでは役に立たない。毛細管現象や浸透圧の概念は、意識に関する問題解決の手がかりにはならない。

しかし、十九世紀の機械主義的生理学者と、その後継者は、人間を物理化学的な要素だけに還元しようと努力して、このような過ちを犯しているのだ。あまりにも専門化しすぎたため、実験の結果が、無理やりに一般化されている。

概念を誤って使ってはいけない。それぞれの概念はそれにふさわしい分野でのみ、使用されるべきである。

知的奴隷としての鎖を断ち切ること

人間についての知識が混乱しているのは、科学的、哲学的、宗教的といった、異なる視点が残っているからである。もし、どれか一つの視点に立てば、他の視点から見た場合の現象の見方と解釈が変わってしまう。

いつの時代でも、人間は、教義、信念、幻想といった色眼鏡を通して人間を見つめてきた。このような理解の仕方は誤っているし、また、不正確である。

かつてベルナールはその著作の中で、哲学的・科学的方法から脱却して、知的奴隷としての鎖を断ち切ることが必要であると述べた。だが、人間はまだそういう自由を手に入れてはいない。生物学者、特に教育者、経済学者、社会学者は、きわめて複雑な問題に直面したとき、理論をつくり上げ、それを唯一のよりどころとして、宗教の教理と同じように融通のきかない信条に固まってしまっている。

学問のあらゆる分野で、こういう厄介な誤認がまだ残っている。生気論者《ヴァイタリスト》と機械論者《メカニスト》の論争は、この誤認のうち最も有名なものの一つだが、それがあまりにも無益なのに驚かされる。

生気論者は、人間の器官は機械であり、その一つひとつは物理化学的でない要素によって統合されていると考えた。それによれば、生物を統合する作用は独立した精神的原則——生命力《エンテレキー》——によって支配されるが、これは機械を設計する技師にたとえた考え方だった。

この自律的要因はエネルギーの一種ではなく、ただ、器官を支配するだけの働きを持つ。エンテレキーは明らかに作業概念ではなく、頭の中で組み立てたものにすぎない。

つまり、生気論者は身体を、エンテレキーと自分たちが名づけた技師によって動かされる機械であると考えたのである。そして、この技師なるものは、当の観察者の知力のことにほかならないと気がつかなかった。

一方、機械論者は、身体的、心理的活動のすべては、物理、化学、機械の法則によって説明できると信じた。そこで機械をつくり上げるのだが、生気論者のように、自らがこの機械の技師であった。しかし、機械論者は当の自分という技師がいることを忘れていたのである。

機械論も生気論も、他の理論と同じ理由で、退けなければならないことは明らかである。それと同時に、多くの幻影や過ち、正しく観察されていない事実、科学の分野における誤った発見などに、心を奪われないようにしなければならない。

また、役に立たない調査とか、意味のない研究とか、解決不能の雑多な問題などからも解放されねばならない。

創造力としての「衝動」と「好奇心」と未知の世界

こういうものを除いたあとに、人間に関するすべての科学による研究の結果と経験が、揺るぎない基礎として残るだろう。

人類の歴史の中で、私たちが積みあげてきたものはひと目で読みとれる。そこには、確実な観察と明白な事実のほかに、確実でもないし明白でもない事実も数多く含まれる。

しかし、こういった確実でも明白でもないものを拒否してはいけない。作業概念だけが、科学の基礎となることは間違いないが、創造的な想像力のみが、未来の世界を生み出す憶測や夢をかき立たせることができるのだ。

したがって、科学的観点からすると意味がない問いであっても、問い続けなければならない。不可能なことやどうしても分からないことを追究するのはやめようとしても、やめることはできない。好奇心は人間には欠かせないものであり、それはいかなる規則でも抑えることはできない。

私たちの心は、本能的に、また抑えられない衝動によって、外界のものすべてをひっくり返してみたり、心の奥深く入っていったりするのだ。好奇心が宇宙の発見を促す。好奇心が、私たちを未知の世界へと連れていく。そして風が吹けば煙が消えるように、かつては登れないと思った険しい山も、好奇心があれば山頂まで登ることができる。

Chapter 2

2 人間を全方位で余すところなく調べる

今、必要なのは人間を余すところなく調べることである。

昔の基本概念が使えないのは、広い範囲にわたっている人間に関する知識を、一つの全体として十分深く考えてこなかったからである。

人間を限られた時間と条件の中だけで見てはいけない。すでに明らかなものばかりでなく、心の中にあるものも含めて、人間の全活動を把握しなければならない。

そういう情報は、現在から過去にわたる身体的、精神的能力のすべての活動を、注意深く観察することによってのみ得ることができる。そして、人間の構造と環境に対する身体的、化学的、精神的な関係を、分析しつつ総合しなければならない。

対象を必要に応じて部分に分け、そのおのおのについて完全な調査をしなければならないという、デカルト（ルネ・デカルト、一五九六－一六五〇。フランスの哲学者、数学者）が『方法序説』の中で述べた言葉に従わなければならない。

しかし、そのように分けることは結局、方法論の問題であって、人間そのものを分けることはできないことを、私たちは忘れてはいけないのである。

「真実」は限りなくさまざまな局面を持っている

学問の分野に優劣はない。人間の内なる世界では、すべてのものに意味がある。感情や想像、そして、人間精神の科学的、哲学的な形態などに従って、好みに合ったものだけを選ぶわけにはいかない。難しくてよく分からない問題もおろそかにしてはいけない。質的なものも量的なものと同じく、真実なのである。数字で表せるからといって、表せないものより真実であるということではないのである。

ダーウィン（チャールズ・ダーウィン、一八〇九－一八八二。イギリスの自然科学者、地質学者、生物学者。進化論を提唱）やベルナールやパスツール（ルイ・パスツール、一八二二－一八九五。フランスの生化学者・細菌学者）の発見は、数式で表すことはできないが、ニュートンやアインシュタインの発見に決して引けを取らない。

真実は必ずしも単純明快であるとは限らない。また、必ず理解できるとも決まっていない。その上、限りなくさまざまな局面を持っている。意識の状態も怪我《けが》による傷も、同じように真実なのだ。研究方法の難易度によって、現象が重要かどうかが決まるわけではない。大切なものは、観察者や方法によってではなく、対象、つまり人間の目的によって考えねばならない。

子どもを亡くした母親の悲しみや、迷っている人の心の苦痛、癌《がん》にさいなまれている患者の苦悩などは、外から測ることはできないが明白な事実である。神経の時値《クロナキシー》が簡単な方法で正確に測れるのに比べると、透視する能力は測れもしなければ自分の意志で持てるものでもないが、だからと言って、その研究をおろそかにしてはいけない。あらゆる方法を使い、たとえその能力を数値化して観察することはできなくても、研究を続けなければならない。

私たちは、他の部分を犠牲にして、ある部分だけを不当に重視することがある。しかし、本来は人間のさまざまな面、つまり物理化学的、解剖学的、生理学的、形而上学的、知的、道徳的、芸術的、宗教的、経済的、社会的な面のすべてにわたって考慮しなければならない。専門家が職業的偏見を持っているのはよくあることだが、その偏見のために、実際はほんの一部しか分かっていないのに、人間全体を理解していると思い込んでしまう。断片的な理解を、全体的な理解だと考える。

しかもその断片は、その時々の流行によって勝手に取り上げられ、そのたびに重視されるものが個人であったり社会全体であったり、生理的欲求であったり精神的活動であったり、筋肉の発達であったり知能の高さであったり、美しさであったり実用性であったりと、ころころ変わるのだ。

人間は異なった顔をたくさん持っているように見えるが、実際には専門家が勝手に好きなものを選び出しているだけだ。

進んで困難にあたる精神を培《つちか》うこと

自分が摑《つか》んでいる真実の一部を無視する、という別の過ちもある。これについては多くの理由がある。

人間は、正確で明快な解決と、そこから生ずる知的な確実さを好む。多くの場合、研究対象を選ぶにあたって、それが重要だからというのでなく、技術的に容易で、はっきりしているから選んでいるのだ。

だから現代の生理学者は、主として生きている動物の中で行われる物理化学的現象に取り組み、生理学的で機能的な作用にはあまり注目していない。

医者の場合も同じように、研究に想像力を発揮して新しい技術を見つけ出す必要がある、ノイローゼや精神疾患よりも、研究方法が容易で、すでに解明されているものが多い分野を専門にするということが起こっている。

しかし、誰もが本当は、生物を作り上げている法則を発見するほうが、気管細胞の繊毛の周期性を明らかにするより大事だと思っている。病気の過程で明らかになる、それほど重要ではないように思える物理化学的現象の細かい研究に没頭するよりも、癌、結核、動脈硬化、梅毒、それに神経や精神の病気によってもたらされる、数えきれないほどの不幸から人間を救うほうが、はるかに有益であるのは疑いもない事実である。

技術的に困難なために、科学研究の分野から追放された研究分野もあり、こういった分野の正体が明らかになる機会が失われている。

Chapter 2

時代の偏見を捨てること

重要な事実が全く無視されているかもしれない。人間の知性は今日の科学の枠におさまらないものは受け付けない、という元来の性質がある。科学者とて人間である。その環境と時代の持つ偏見にどっぷりつかっている。現代の科学理論で説明できない事実は存在しない、と喜んで信じているのだ。

生理学が物理化学と同一に見られていた、レーブやベイリス（ウィリアム・ベイリス、一八六〇－一九二四。イギリスの生理学者）の時代には、人間の内面の研究はおろそかにされていた。誰も心理学や精神疾患には興味を持たなかった。

現代でも、生理作用のうち物理的、化学的、物理化学的な面にしか関心のない科学者は、テレパシーや科学的に捉えられない現象を幻影とみなしている。明白な事実でも、科学的研究の対象と見なされなければ無視される。こういう難しさがあるので、人間をもっとよく理解する方向へ導いてくれる事柄を、すっかりとり揃えることはまだできない。そこで私たちは、人間のあらゆる面を素直に観察する時点に立ち返り、何でも受け入れて、見たものをそのまま記述しなければならない。

人間の全体像を科学的技術で捉える

一見したところ、科学的な方法は、人間のすべての側面を分析するのには適さないように見える。人間はいろいろな方面に拡がりを持っているので、私たち観察者が、それをすべて追うことはできないからである。

人間の技術では、容積も重さもないものは捉えることができない。空間と時間の中に存在するものだけしか把握できない。

虚栄、嫌悪、愛、美、科学者の夢、詩人のインスピレーション、神に対する神秘的な魂の高まりなどは数値で測ることができない。しかし、生理的な側面、心理状態がもたらす物質的結果は、簡単に記録できる。

知的、精神的に意味があることは、行動や態度に表れる。道徳的、審美的、神秘的な機能を、科学的手法で外側から探るのには、この行動を見るしかない。


知性の領域から離れると、対象が摑みにくくなる。しかし、それが摑みにくいからといって、存在していないということにはならない。深い霧の中では、よく見えなくとも、そこに岩が存在しているということがある。その姿は、突然白い霧の中から現れる。そして、またすぐ霧の中に隠れてしまう。この現象は、芸術家の神秘体験になぞらえることができる。

こういうことは、科学では明らかにできないが、霊感のある人には見えるのだ。科学は間接的に精神の世界を知るが、科学の定義からすると、その世界に立ち入ることはできない。人間の全体像は、科学的技術で捉えるものなのだ。

3 「人間」についての真の科学とは？

人間に関するデータをじっくり吟味すると、明確な情報が大量に出てくる。こうして、人間活動についての完全な「目録」が作られ、その目録に従えば、以前よりも、もっと豊かな「人間の基本概念」ができ上がるだろう。

しかし、こういう方法では「人間」を十分に知ることはできない。私たちはさらに進んで、本当の人間の科学を作り上げねばならないのだ。すでに知られている技術のすべてを使って、人間の内面をもっと徹底的に調べることができる科学、そして、全体の機能として各部分を考える科学を作り上げねばならない。

そういう科学を発達させるには、機械的な発見や、古典的な衛生学や医学、そしてまた、物質的な面はしばらくおいておかなければならない。

誰も、富や快楽には興味がある。しかし、体の構造や機能、そして知能を向上させなければならないことは誰も分かっていない。健康の維持や伝染病の予防と同じように、知性や感情の健全さ、道徳的紀律、精神的発達なども、人間には必要なのである。

「科学の眼」と人間の内なる精神

科学的発見の数ばかり増やしても、何の利益もない。おそらく、物理学や天文学や化学の発見に、あまり重きを置かないほうがよいのかもしれない。実際には、純粋な科学は、直接には何の益も害も与えないのである。

しかし、科学の魅惑的な美しさに心を奪われると、危険である。

人間は今や自分自身に目を向け、道徳的、知的な欠陥状態の原因に注意を払わねばならない。快楽や贅沢を増やし、身の回りをより美しく、大きく、複雑にしたところで、もしも私たちの弱さのゆえに最善の利用ができないならば、一体そこに何の利点があるというのだろうか？

人々の心を退廃させ、その高潔な気質を失わせるような世の中にしても、全く何の価値もない。もっと速い列車やより快適な自動車、もっと安いラジオや、はるかかなたの星雲の構造を観察する望遠鏡を作るよりも、もっと人間自身に注意を向けたほうがよほどましであろう。

飛行機で数時間のうちにヨーロッパや中国大陸へ飛んで行くことができたとしても、それが真の進歩と言えるだろうか？　休みなく生産を拡大し続け、何の役にも立たないものを大量に消費することが必要であろうか？　機械工学、物理学、化学には、人間に知性や道徳的紀律、健康や精神の安定、安全や平和などを与える能力はない。

旧来の科学を根本的に変革するために

私たちは、好奇心を他の方面に向けねばならない。知的・精神的方向へ向かうために、物理的・生理学的方向から離れなければならない。

今までのところ、人間に関する科学は、人間の特定の面だけに限られており、デカルトの二元論〔編注：精神と身体は本質的に異なる二つの実体であり、相互に作用するという考え方〕から抜け出せずに、機械論が優勢である。

教育、政治、社会経済の研究ばかりでなく、生理学、衛生学、医学でも、科学者は主として人間の器官、体液、知性の研究に集中している。人間の感情や精神の形態、内面生活や性格や美や宗教を求める心、肉体的、心理的行為の一般的基盤や、人間とその知的、精神的環境との密接な関係などには、あまり大きな注意が払われていない。

そこで、抜本的な変革が必要になる。それには、人間の身体と精神に関する専門的知識を求めて研究に励んでいる科学者と、彼らが発見した事実を、人間の機能という点から総合的にまとめることができる科学者との、両方の力が必要である。

新しい科学は、分析する者とそれを総合的にまとめる者との両輪の努力によって、私たちの行動の基本となり得るような、完全かつ明快な人間の概念を求めて前進しなくてはならない。

4 人間を分析するには多様な技術が必要

人間を一つひとつの部品に分割することはできない。もし、その各器官がお互いにバラバラにされたら、生きてはいられない。しかし、分割することはできないが、人間にさまざまな面があることは事実である。

全体としての人間を、直接に捉えることはできないが、感覚的に、あるいは、科学的なアプローチで把握することはできる。

その方法によると、人間の働きは物理的、科学的、生理学的、心理学的であるように思われる。こうした多様性を分析するのには、当然さまざまな学問分野の助けを借りる必要がある。

このように、いろいろな技術を用いなければ、人間は自らを明らかにできないため、人間は必然的に多様なものとして見えるのである。

すべての科学を動員する「人間の科学」

人間の科学は、すべての分野の研究が必要である、ゆえに、その進歩が遅く、かつ難しい。

たとえば、神経過敏の人に心理的要素がどう影響しているかを研究するためには、医学、生理学、物理学、化学の方法を用いねばならない。

悪い知らせが及ぼす心理的影響は同時に、精神的な悩み、神経の興奮、循環器系統の障害、皮膚病、血液の物理化学的変化などとなって現れるかもしれないのである。人間を相手にするときは、最も簡単な検査でも、いくつかの分野にわたる手法と概念を用いねばならない。

たとえばあるグループに、肉であれ野菜であれ、ある特定の食べ物の影響を調べることになったとしよう。その場合、まず最初に、その食べ物の科学的成分を調べねばならない。さらに、調査対象者一人ひとりの生理的・心理的状態、遺伝的素質も調べねばならない。

そして実験の途中で起こる、体重、身長、骨格の形、筋肉の力、病気への抵抗力、血液の物理的・科学的・解剖学的性質、神経の均衡、知性、勇気、生殖能力、寿命の変化といったさまざまな事柄について、正確に観察・記録しなければならない。

視野の狭い専門家ほど危険なものはない

人間に関するたった一つの問題を研究するだけでも、一人の科学者では必要な技術すべてを修得することができないのは、この例からも明らかである。

そこで、人間に関する知識を進歩させるには、さまざまな専門家による協力が必要となる。各分野の専門家が、身体、意識、環境との関係などの一部分だけを受け持つ。その専門家とは、解剖学者、生理学者、化学者、心理学者、医者、衛生学者、教育者、聖職者、社会学者、経済学者たちである。

そして、それぞれの専門分野は、さらに細かく分けられる。分泌腺の生理学、ビタミン、直腸の病気、鼻の病気、幼児教育、成人教育、工場や刑務所の衛生管理、個人のあらゆる面に関する心理学、家政学、農業経済などの専門家もいる。このような分業によって、個々の科学が進歩することができた。だから、専門化は避けられない。

科学者たちは自分の専門分野に、注意を集中しなくてはならない。そして、その研究に積極的に取り組みながら、人間を全体として捉えて理解するのは、専門家にとって不可能なことだと認識する必要がある。

事実、専門があまりにも細かく分かれてしまったため、否応なしにこういう状態になっているのである。しかし、これにはある危険が伴う。

たとえば、ある細菌学の専門家は、フランス人の間に結核が拡がるのを防ごうと思い自分が発明したワクチンを使うよう指示した。もし彼に衛生学と医学の一般的知識がもっとあったなら、住居や食べ物、労働状態や生活様式について、いろいろな処置をとるよう忠告できたはずだ。

偏見は理性の目をくもらせる

医者の極端な専門化によって、さらにいっそうの弊害が起こっている。

医学は病気を細かく分け、各部門ごとに専門家がいる。ある専門家が体のごく小さい一部分だけに研究を限っている場合、他の部分の知識はきわめて初歩的なものにとどまるから、逆に自分が専門とする分野でさえ、実は完全には理解できていない、ということが起こる。

教育者、聖職者、経済学者、社会学者であっても、自分の特殊な専門分野だけに閉じこもってしまう前に、人間に関する一般的な知識を得ようと努力しなかったら、同じようなことが起きるだろう。これは、その専門家が著名な学者や技術者であればあるほど、危険も大きくなる。

大発見や世の中の役に立つ発明をして非常に有名になった科学者は、一つの対象に関する自分の知識が、すべてのものに通用すると思い込むようになる。

たとえばエジソン（トーマス・エジソン、一八四七－一九三一。アメリカの発明家、起業家）は、哲学や宗教に関する自分の意見を、ためらわずに一般の人々に発表した。そして大衆は、尊敬の念をもって彼の言葉を聞き、この分野でも彼の言うことは、彼の発明と同じように、重要なことに違いないと思った。

このように、偉大な人が実はあまりよく理解していないことについて話をすると、ある分野ではその進歩に大いに貢献したのに、別の分野ではその進歩を妨げるということになる。

新聞は、専門にとらわれすぎて、現代の重大な問題の複雑さを把握できなくなっている製造業者、銀行家、法律家、大学教授、医者などの評論を載せるが、その真偽は大変疑わしい。

しかし、専門家は必要である、専門家がいなければ科学は進歩しないだろう。だから、研究の結果を人間に適用する前に、分析によって得たバラバラのデータを、分かりやすく総合的にまとめなければならない。

分析はまとめてはじめて大きな力を持つ

総合的にまとめることとは、専門家たちがテーブルを囲んで討論したからといってできるものではない。これにはただ一人の努力が必要であって、グループの努力では成し得ない。

芸術作品が、決して芸術家たちが集まって創られるものではないように、大発見も学者が集まって成されるものではない。人間に関する知識を進歩させるのに欠かせない総合作業は、一人の頭脳によって成し遂げられなければならない。この場合、専門家によって蓄積されたおびただしい情報を、すべて使うことは不可能である。すでに得たデータをまとめて、人間を全体的に考えた人はまだ誰もいないからである。

今日、科学の仕事に携っている人は多いが、真の科学者はほとんどいない。この奇妙な状態は、高度な知的業績をあげられる人が少ないからというわけではない。総合する作業には、発見と同じように、並み外れた知力と精神的忍耐が必要である。広くて強靭な精神は、正確で狭い精神よりはるかに稀《まれ》なのだ。

立派な化学者、物理学者、生理学者、心理学者、社会学者になるのはやさしい。それに反して、いくつかの異なった分野の科学知識を身につけ、それを使いこなせる人はほとんどいない。しかし、いることはいるのである。

科学研究所や大学によって、狭い分野を専門に研究するよう強いられた人たちの中にも、複雑な対象を、総合的にも部分的にも把握できる人がいくらかいる。

今までは、狭い専門分野、ありていに言えば取るに足らないような細部を、長い歳月をかけて研究する科学者が優遇されてきた。

大学の総長や顧問たちは、総合力が分析力と同じように必要であるということに、まだ気がついていない。しかし、もしこういう種類の知性の優位が認められ、その発達が促進されたら、そのときはじめて、全体の中で部分の持つ意味が正しく評価されることになるのだ。

「知的創造」の必要条件

いかなる組織であれ、ある限度を超えてグループの人数が増えると、その質が低下することは確かである。アメリカ合衆国の最高裁判所は九人で構成され、この人たちは職業的能力の点でも、人格の点でも非常に優れている。しかし、もし九人ではなく九百人の裁判官で構成されたら、どうだろうか。最高の裁判所に対する尊敬は、じきに失なわれるであろう。

科学者の知性を高める最良の方法は、その数を減らすことである。ただその際、その少数の人たちが独創的な想像力に恵まれていて、研究を続ける強力な手段を与えられていることが必要である。

最新の実験室や装置、有能な研究者による組織でさえも、成功を約束するものではない。現代生活は精神生活と対立している。しかるに、科学者は純粋に物質的なものだけに興味を示し、研究とはかけ離れた日常生活の中で労力や時間を浪費している。

昔だったら大きな街であっても、誰でもわけなく独りになって静かな所にいられたのに、今ではどの科学者もそれができるほど金持ちではない。騒々しい都市の中に、静かな空間を作ろうという計画は、まだ全然立てられていない。しかし、こういう改造が必要なことははっきりしている。年中ごたごたして気が散っているような現在の生活様式の中では、広汎な知識を総合的に組み立てることなぞ、とてもできるものではない。

「人間の科学」の発達は、他の科学分野より、ずっと広範囲にわたる知的努力が必要だ。そのためには、科学者という概念を修正するだけでなく、科学研究を行う環境も改善されなくてはならない。

5 「人間の科学」は比較実験できない

人間は、科学的観察の対象にはあまり適していない。同じ性質や特徴を持った人々を見つけるのは、容易なことではないからである。

たとえば、二つの教育方法を比較するとしよう。そういう研究の場合には、できるだけ似ている子どもたちのグループを二つ選び出す。しかし、もしこの子どもたちが同じ年齢で同じ背格好であっても、もし違う社会層に属していたり、食事の内容が違っていたり、住んでいる環境が違っていたら、その結果は比較できない。

同じように、一つの家庭の子どもたちを違った環境で別々に生活させ、その効果を調べるのもほとんど価値がない。同じ両親の下に生まれた兄弟でも、それぞれ個性は違うからである。それに反して、もし一つの卵子から生まれた双生児を、違う環境において比較したのであれば、その結果は価値があるであろう。

人間はたいていやむを得ず、おおよその情報で満足しているのである。これも人間に関する科学の発達を妨げている原因の一つである。

非凡な精神と肉体を持った「ルネサンス人」

物理、化学、生理学の研究では、単純に組織を分離して、その正確な状態を定めようと試みられている。しかし、人間を全体として、また環境との関係において研究しなければならないときには、対象にそういう制限を加えることはできない。観察者は、複雑なデータの中で道を見失わないよう、判断力に恵まれた者でなくてはならない。

過去を振り返って調査する場合は、いっそう難しい。こういう研究には、十分な経験を積んだ人が必要である。

もちろん、歴史と呼ばれるこの臆測の科学は、できるだけ使わないようにはされているが、過去のある出来事を見ると、そこには非凡な能力が存在していたことが明らかである。こういう能力がどうやって生じたかを知ることは、大変重要である。

ペリクレス（紀元前四九五？－前四二九。古代アテネの政治家）の時代には、どうしてあんなに多くの天才が同時に現れたのだろうか？

ルネサンスの時代にも、同じようなことが起きている。何ゆえに、知性や科学的想像力や美に対する直観力ばかりでなく、体力や大胆さや冒険精神といったものまでが、この時代の人々の中で急速に拡大したのであろうか？

何ゆえ、彼らは身体的にも精神的にも、あのように強い原動力を持っていたのだろうか？

これらの解明のために、こうした偉大な人々が登場した時代の直前に生きていた人たちの、生活様式、食べ物、教育、知的、道徳的、美的、宗教的環境について、正確な知識を得ることが重要である。

「時」の大きな流れの中で人間の活動を捉える

人間の研究が難しいもう一つの理由として、観察する者とされる者がほぼ同じリズムで生活しているということがあげられる。

特定の食べ物や特定の知的・精神的訓練や政治的・社会的変化の結果が出るには時間がかかる。教育においては、三十年、四十年の時が流れてやっと、ある方法の成果が評価される。

あるグループの人たちの身体的活動と精神的活動に、ある特定の生活様式がどんな影響を与えるかは、一世代が過ぎてしまわないうちには明らかにならない。

その意味で、栄養、体育、衛生、教育、道徳、社会経済等で新しい方法を発見した人たちは、いつでも自分の成果を発表するのが早すぎる。モンテッソーリ教育法や、デューイの教育原理の価値が分かるようになったのは、ごく最近になってからである。

心理学者が、過去何年かに学校で行った知能テストの意味を知るためには、あと四半世紀待つべきである。ある特定の要素が、人間にどういう影響を与えたかを確かめるには、大勢の人について、一生のあいだの変遷を追跡調査するほかはない。しかし、こうして得た知識であったとしても、その中身は実のところ、大ざっぱなものなのである。


人間の進歩は、観察者である私たちも人間であるために、ひどく遅いように思われる。私たちはめいめい、人間の命が短すぎるために、ほんの少ししか観察ができない。多くの実験は、少なくとも一世紀は続けねばならない。

研究所は、ある科学者が始めた観察や実験が、その研究者の死によって中断することのないように機能しなければならない。科学の分野では、まだそういう機関は知られていないが、他の部門では、すでにそういう努力がなされている。

フランス・ソレムの修道院では、ベネディクト会士たちが三世代にわたって、約五十五年の間、グレゴリオ聖歌の復興に専心している。

人間の生物学的な問題を調査するにも、同じような長期にわたる手法を取り入れなくてはいけない。研究所も、修道会のようにある程度永続的に、実験を継続できるようにして、個々の観察者の寿命が短いという欠点を補うべきである。

6 有機的な観察だけが未来への手がかりとなる

人間に関してもっと知識を得るためには、単に、人間に関するたくさんの情報の中から明確な事実を選び出したり、行動に関する完全な記録を作るだけでは駄目である。

新しい観察と実験によってこの情報を完全なものにし、真の人間の科学を打ち立てたとしても、それだけでは十分とは言えない。

私たちは、何にもまして実際に役に立つ総合知識を必要としているのである。この知識の目的は、好奇心を満足させることではなく、人間自身とその環境を再建することである。

そういう目的は、もともと実用的なものである。大量に新しい情報が得られても、それが専門家の頭の中や本の中にあるだけでは、全然役に立たない。辞書を持っていたとしても、その言葉が話せないのと同じである。

傑出したひと握りの人たちの知性と記憶の力によって、さまざまな考えが、有機的なまとまりとしてまとめられねばならない。そうしてこそ、人間が、人間についてより優れた知識を得るために費してきた努力、また今もやむことなく続けられている努力が、効果を生み出すのである。

断片の知識は全体から考えられなければならない

「人間の科学」は未来の仕事になるであろう。今は、科学によって真実であると証明された人間の特徴を、分析と総合の両手段によって解明し始めただけで満足しなければならない。

次章以降、人間は観察者やそのテクニックに対して見せるのと同じありのままの姿を、私たちに見せてくれるであろう。私たちは、人間を、これらのテクニックで切り分けられた断片として見ることになる。しかし、これらの断片は、できる限りまた全体の中に戻されるようにしなくてはならない。

人間のさまざまな面は、ちょうど山を登るときに、人が岩、急流、草木、谷間の陰の上の山頂にさす光のことを考えるときのように、単純に考えられるであろう。どちらの場合でも、観察は途中の偶然によって決められるのである。

これらの観察は科学的であって、多少なりとも組織だった知識をかたちづくる。もちろん、物理学者や天文学者が作るようには正確ではない。しかし、対象物の性質が許す限り、またそれに使用した技術の許す限り、正確なものである。

たとえば、人間は記憶力と美的センスに恵まれているということが分かっている。また、膵臓《すいぞう》はインシュリンを分泌すること、ある種の精神疾患は脳の障がいによって起こること、ある人は透視能力を持っているということも分かっている。

記憶力やインシュリンの作用は、数値で測ることができる。しかし、美的感情や道徳的センスは測ることができない。テレパシーの特性や、精神疾患と脳の間の関係については、さらにあいまいな研究しかない。それでも、これらの研究成果はすべて、大体において確かなのである。

第3章

行動する身体と生理的活動

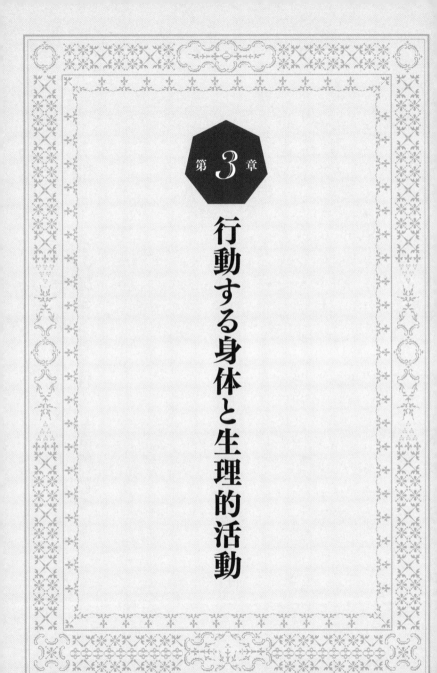

1 人間――その精神と身体の二面性について

人間は、自分がこの世に存在しているということ、また独自の行動をとること、つまり一個の人間であることを意識している。そして、どの他人とも違うことを知っている。また、自分の意志は自由であると信じている。また幸福であると感じたり、不幸であると思ったりする。人々にとって、こういう直観は真実である。

人間の意識の状態は、ちょうど川が流れるように、時の流れに沿って動いていく。川と同じように流れが変わることはあっても、それが途切れることはない。

そして、他の動物よりはずっと環境の影響を受けることが少ない。知能が高いおかげで、環境に縛られないで生きてゆける。

何よりもまず、道具を発明した。この発明のおかげで、人間は他の生き物とは区別された。

人間はその内面の特性を、彫像、寺院、劇場、大聖堂、病院、大学、研究所、工場等を建てることによって、目に見えるように表現した。こうして地球の表面に、人間の基本的な活動――すなわち、その美的・宗教的感情、道徳観念、知性、科学的な好奇心――のしるしを刻みつけたのである。

この強力な活動が目指すものは、内側からも外側からも観察することができる。内側から見た場合、それは、一人の孤独な観察者の思想、嗜好、欲望、喜び、悲しみとして現れる。外から見ると、それは自分自身の身体として、または仲間すべての身体として現れる。

こういう理由によって、人間は二つの面、つまり身体と精神から成り立っていると考えられてきた。しかし、誰も身体のない精神だけを見たこともなければ、精神を持たない身体だけを見たこともない。私たちに見えるのは、ただ身体の外側だけである。

そして身体が機能していると幸福に感じる。しかし、体のどの器官のことも意識してはいない。体は、私たちには知り得ないメカニズムに従っている。その組織は、解剖学と生理学によってのみ明らかになる。そして、見かけは単純そうに見えるが、その中に、途方もなく複雑なものが隠れている。

人間は決して、外側の面と内側の面とを同時に見せることはない。たとえ脳の中の複雑な迷路を通り、神経の機能に達したとしても、自分たちの意識そのものに出会うことは決してできない。

身体と精神は、人間が観察の手段として生み出したものなのであり、一個の人間から、観察によって掘り出されたものなのである。

複雑な人間の体とその機能

この人間という全体は、「組織」と「体液」と「意識」から成り立っている。そして、空間的にも時間的にも、同時に拡がっている。それは、空間における縦、横、高さの三次元と、時間の次元とを満たしているのである。

しかし、この四つの次元の中に、すべてが包含されているわけではない。なぜなら、意識は脳の中にあると同時に、身体という連続体の外側にもあるからである。

人間は、全体として把握するにはあまりにも複雑である。そこで、どうしても観察の手法に従って、部分に分けて捉えねばならなくなる。

そのため、技術的な必要から、人間は基体としての身体と、さまざまな機能とから成り立っていると言わざるを得ない。そしてこれらの機能を、その時間的な面、適応力の面、個々の特質の面に分けて考えねばならないのである。

しかし、だからと言って、人間は身体であるとか、あるいは意識であるとか、またはその両方を合わせたものであるといった古典的な主張に還元したり、また、人間の頭の中で抽象化されてできたこれらの各部分が、それぞれ実際に存在すると信じ込んでしまうという過ちに陥らないよう、注意しなければならない。

2 人間の体の大きさが持つ意味

人間の体は、大きさの点では、原子と星の中間に位置している。比較する相手の大きさによって、大きいとも小さいとも言える。その身長は、二十万の組織細胞、または二百万の通常の微生物、あるいは二十億のアルブミン分子を並べてつないだ長さに等しい。

人間は、電子、原子、分子や微生物に比べれば、巨大である。しかし、山や地球と比べれば微小である。

よく知られているように、光は一秒間に、人間の身長の一億五千万倍の速さで走る。惑星間の距離は非常に遠いので、光が一年かけて動く距離、つまり光年という単位で測らなければならない。そういうものと比較すれば、人間の身長は想像も及ばないほど小さい。

しかし、人間が空間的に大きいか小さいかは重要ではない。なぜなら、人間の特性は物理的な大きさでは測れない。人間がこの世界に存在する意義は、人間のサイズには関係がないのだ。

人間の身長は、組織細胞の性質や身体の代謝作用にちょうど適しているように見える。神経の刺激は誰の場合でも同じ速さで伝わるので、体格の大きい人は、外界のことを感じとるのに時間がかかり、筋肉の反応も鈍い。同時に、新陳代謝率もずっと緩くなるであろう。

大きい動物の新陳代謝は、小さいものよりずっと遅いことはよく知られている。たとえば、馬はネズミよりずっと新陳代謝が少ない。人間の身長が非常に伸びたら、代謝機能が鈍くなるだろう。そしておそらく、知覚の機敏さや迅速さが失われるに違いない。

人間の体の大きさは、遺伝と、同時に発育の条件によって定められている。たとえば、ある特定の人種の中で、背の高い人と低い人が見られる。この違いは、ホルモンの状態とその空間的、時間的な作用の相互関係から起こる。

そこには深い意味がある。適切な食べ物と生活様式によって、人々の身長を伸ばすこともできれば、縮めることもできるのである。同じように、身体組織の質、そしておそらくは、精神までも変えることができるかもしれない。

しかし私たちは、もっと美しい体になるとか、もっと筋肉が強くなるとかいって、むやみに体の大きさや形を変えてはいけない。大きさや形が変わるのは大したことでないように見えて、実際は、心理的、精神的活動にどれほど深刻な変化を引き起こすのか、はっきりと分かっていないからだ。

各人の姿形はその人の素質と能力を表している

人はその姿形や、振る舞いや、顔つきによって特徴づけられる。その外面的な形が、体と心の素質と能力を表す。

同じ民族でも、人の形はそれぞれの生活様式によって異なっている。ルネサンス時代の人々の生活は絶えざる闘いの連続であり、彼らは常に危険と厳しい気候にさらされながら、ダ・ビンチ（レオナルド・ダ・ビンチ、一四五二－一五一九。イタリアのルネサンス期を代表する芸術家）やミケランジェロ（ミケランジェロ・ブオナローティ、一四七五－一五六四。イタリアのルネサンス期を代表する画家、彫刻家、詩人）の傑作にも強く感激し、また、ガリレオの発見にも興奮できる素質があった。彼らは、スチーム暖房の利いた部屋に住んで、オフィスも冷暖房が利いており、車を乗りまわし、馬鹿げた映画を見たり、ラジオを聴いたり、ゴルフやゲームに興じている現代人とは似ても似つかない。

人間は、それぞれの時代の刻印を受ける。私たちは、自動車や映画や娯楽によって作り出された、新しいタイプの人間を観察し始めている。

人間の姿は、生理的習慣だけでなく、日常の考え方によってさえかたちづくられる。その特徴の一部は、皮膚の下の筋肉によるもので、この筋肉は運動によって大きさが決まる。美しい体は、筋肉と骨格の調和のとれた発達から生まれる。その完成の極まった姿は、古代ギリシアの競技者たちに現れていた。

顔、口、頬、まぶたの形、顔のシワは、皮膚の下にある脂肪組織の中の、平たい筋肉の動きによって決まる。そしてこれらの筋肉は、精神状態に大いに関係がある。人は実際に自分が表したい表情を、顔に出すことができる。しかし、永久にその仮面をつけているわけにはいかない。無意識のうちに、精神状態が顔つきに表れてくる。歳を取るにつれ、顔にはいっそう感情や欲求や抱負が豊かに現れるようになる。青年の美しさは、生まれつき調和のとれた顔立ちによるものである。

「顔」は自分の説明書である

顔つきは、意識の働きよりさらに深いものも表している。そこには開かれた本のように、その人の悪徳、美徳、知性、愚かさ、感情や非常に注意深く隠されている習慣ばかりでなく、その人の体の構造や、罹《かか》りやすい病気についても書かれている。

骨、筋肉、脂肪、皮膚、髪の状態は、組織の栄養状態と関係が深い。そして組織の栄養は、血漿《けっしょう》の成分によって、つまり内分泌腺と消化器系統の活動によって支配される。

器官の状態は、体の外観に現れてくる。皮膚の表面は、内分泌腺、胃、腸、神経組織の調子を反映している。そして、各人の罹りやすい病気をも示している。

人にはいろいろな型がある。その型――たとえば、大脳型、消化器型、筋肉型、呼吸器型等――が違えば、同じ型の病気になることはあまりない。背が高くて痩《や》せた人と、肥《ふと》って背の低い人の間には、機能的に大きな違いがあるのである。

背の高いタイプは、丈夫であろうと虚弱であろうと、結核や早発性痴呆症に罹りやすい。背が低くて肥ったタイプは、循環性精神疾患、糖尿病、リウマチ、痛風に罹りやすい。

病気の診断や予後に関して、昔の医師が、気質や体質や病的特異質に重きを置いたのは、まことに当を得たことであった。人は顔に、自分の身体と精神の説明書をぶら下げているのである。

3 皮膚は要塞化された国境線である

皮膚は体の外面を覆《おお》っていて、水や空気を通さない。その表面に生きているバクテリアを体の中に入れない。腺から分泌する物質で、それを殺すことができる。しかし、微細で非常に危険なウイルスは、通り抜けることができる。

3 Chapter

皮膚の外側は、光、風、湿気、乾燥、熱、寒気などにさらされている。その内側は温かく、光のない水の世界に接触していて、そこで細胞は水中動物のように生きている。

皮膚は薄いが、まわりの絶え間ない変化に対して十分、体液を保護することができる。それは湿っていて、柔軟で、伸張性、伸縮性、耐久性に富んでいる。耐久性は皮膚組織の状態によるもので、細胞は幾重にも層を成し、ゆっくりと絶え間なく増殖している。そしてこれらの細胞が死んでも、残りの細胞が屋根のスレートのようにお互いにしっかりとくっついていて、まるでスレートが風で飛ばされても、次々に新しいスレートで補っているようなものである。皮膚が常に湿り気と滑らかさを失わないでいられるのは、小さい腺がその表面に、水分と脂肪分を分泌しているからである。

鼻孔、口、肛門、尿道、膣において、皮膚は粘膜に接合し、粘膜が体の内部の表面を被っている。こうして皮膚はその閉ざされた世界の、ほとんど完全に要塞化された国境線のようになっているのである。

開かれた世界と閉ざされた世界

身体は皮膚の表面を通して、外界のすべてと関わり合いを保つ。

皮膚には無数の小さな感覚器官があって、それぞれの組織は環境の変化を記録する。触覚小球《しょうきゅう》は体の全表面に散らばっていて、圧力、痛み、暑さ、寒さに対して敏感である。

舌の粘膜にある小球は、食べ物や温度に刺激を受ける。鼓膜と中耳の骨を媒体として、内耳へと空気の振動が伝わる。嗅覚神経網は鼻の粘膜に張りめぐらされており、匂いに敏感である。

脳は、その一部である視神経と網膜を体の表面に突き出すようにする。若い網膜の上にかぶっている皮膚の一部は、驚くほど変化し、透明になり、角膜と水晶体をかたちづくり、他の組織と結合して、目と呼ばれる驚くべき視覚組織を作り上げる。

これらの器官のすべてから、無数の神経が四方に拡がり、脊髄と脳に結びついている。この神経を媒介として、中心の神経組織が体の表面全体にクモの巣のように拡がり、外界と接触する。外の世界は、感覚器官の組織とその感受性の程度によって異なって見える。

たとえば、網膜が波長の大きい赤外線を捉えられたなら、自然は違った姿で目に映るだろう。水や岩や木の色は、温度が変わるために、季節ごとに違って見える。

同じように、もし網膜が紫外線に感応し、皮膚が光線に感応するようになったら、世界は違って見えるだろう。また、人間の感覚器官すべてが鋭さを相当増したとしたら、また違って見えることになる。

私たちは、皮膚の表面にある神経の末端に働きかけないものは無視している。だから、宇宙線が体を通り抜けても何も感じない。

脳に達するためには、すべてのものは感覚器官に入らなければならないように思える。つまり、体を包んでいる神経の層に影響を与えなければならない。

この法則に対する唯一の例外は、テレパシーによる感応だけであろう。透視能力を持つ人は、普通の神経路を通らずに直接、外界を把握していように見える。

しかし、こういう現象はきわめて稀であり、普通は、感覚が入り口になって、そこを通って、物理的世界も心理的世界も、私たち人間に到達する。だから、個人の素質は、皮膚の素質によるとも言える。なぜなら、頭脳は、絶え間なく受け取る外界からの通信によってかたちづくられていくからである。

したがって、人間を包んでいる皮膚の状態は、新しい生活習慣によって軽々しく変えるべきではない。

たとえば、私たちが日光にあたると、体全体の発育にどんな影響が及ぼされるか、よくは分かっていない。この影響が正確に確かめられるまでは、白人は日光で皮膚をひどく焼かないほうがよい。皮膚は、器官と血液を保護するという役目を忠実に果たしている。あるものは自分の内側に入れ、あるものは締め出す。それは人間の神経中枢組織への入り口であり、常に開かれているが、注意深く見張られている。皮膚は、人間にとって、本質的に重要な部分であると見なければならない。

粘膜は環境と肉体を化学的につなぐ

人間内部の境界は、口と鼻に始まって、肛門で終わる。外部の世界は、この開口部から、呼吸器官と消化器官に入り込む。

皮膚は液体も気体も通さないが、肺と腸の粘膜はこれらの物質を通す。肺と腸の粘膜は、環境と私たちの肉体を化学的につなぐ役目を果たしている。

肺や腸などの体の内部組織の表面は、外部の皮膚の表面よりずっと広い。平たい肺胞で被われている部分は広大で、約五〇〇平方メートルもある。肺胞の細胞は、空気中の酸素や、血液中の二酸化炭素を通過させる。有毒ガスやバクテリア、特に肺炎球菌に侵されやすいので、外気が肺胞に達するまでに、鼻、咽頭、喉頭、気管、気管支を通り、そこで湿気を与えられ、埃《ほこり》やバクテリアが取り除かれる。

しかし、今や都市の空気は、石炭の埃やガソリンの排気やバクテリアなどで汚染され、人間が持つこのような自然の防衛力だけでは不十分になってきた。呼吸器の粘膜は、皮膚よりずっと弱く、強い刺激物に対してあまりに無防備である。

口から肛門まで、消化器官の粘膜によって、組織や体液からなる体の内部の世界が外の世界と接触する。

しかし、その機能は呼吸の場合よりもずっと複雑である。消化器の粘膜は表面に接触する食べ物を、大きく変化させる化学工場でもある。消化器が分泌する酵素は、膵臓からの酵素とともに、食べ物を腸で吸収できるような物質に分解する。その粘膜の面積は非常に広大で、大量の液体を分泌し、かつ吸収する。

食べ物が消化されると、体内に取り込まれる。しかし、細菌が入り込まないように、腸の薄い粘膜が牽制し、白血球がそれを守っている。

細菌はいつでも危険であり、ウイルスは咽頭と鼻で増殖し、連鎖状球菌、ぶどう状球菌、ジフテリアの病原菌は、扁桃で増殖する。さらに、腸チフス菌と赤痢菌は、腸の中で増殖する。

呼吸器粘膜と消化器粘膜が健全に機能するかどうかによって、伝染病に対する抵抗力だけでなく、身体のバランスや知的態度も大いに左右されるのである。

このように私たちの体の表面は、外面は皮膚で、内面は粘膜で被われることによって、閉ざされた世界を形成している。もし、皮膚や粘膜がどこかで傷つくと、生命の危険にさらされ、場合によっては死につながることもある。

皮膚や粘膜が人間の内側を外界から隔てているのであるが、この二つの世界の物理的・化学的連絡をも、非常に広範囲に行っている。さらに、開くのと閉じるのをともに行うという、驚異的な障壁にもなっている。

というのは、精神的な環境においては、神経組織はこのように保護されることはないからである。その境界を無視して、意識を襲ってくる敵によって、私たちは傷つけられたり、時に殺されることさえあるかもしれない。それはまるで爆撃機のパイロットが、地上の要塞からの攻撃を何ら問題とすることなく、上空から都市を攻撃するようなものである。

4 生きている人間の体はどのように構成されているか

人間の体の内部は、古典的な解剖学では説明できない。それは人間を図解したが、単に構造を説明するだけで、臨床では使えなかった。

人間がどのように構成されているかを学ぶためには、ただ死体を切り開くだけでは十分でない。もちろん、この方法で、人体の構造、骨格、筋肉は観察できる。脊柱や肋骨、胸骨とで作られた枠組みの中に、心臓と肺が吊り下がっている。肝臓、脾臓、胃、腸、生殖腺は、腹膜のひだによって大きな空洞の内面についているが、その空洞は、下部は骨盤、両脇は腹部筋肉、上部は横隔膜によってかたちづくられていることも分かる。

人体の中で最も弱い器官である脳と索状組織は、それぞれ骨で作られた容器である頭蓋骨と脊柱の中に収められている。そして、粘膜組織と体液がクッションの役目をして、その囲いの壁の堅さで傷つかないように守られている。

しかし、死体を研究しただけでは、生きている人間を理解することはできない。

なぜなら、死体の組織は血液も循環していないし、その機能も失われているからである。栄養を与えてくれる周囲の環境から切り離された器官は、存在していないのと同じなのである。

生きている人体であれば、どこにでも血液が流れている。それは毛細血管を満たし、すべての組織を透明なリンパ液で潤す。

この人体内部の世界をありのままに理解するためには、解剖学や組織学よりも、もっと繊細な技術が必要である。解剖のために死体から提供された臓器ではなく、たとえば、外科手術の途中で見るような具合に、生きた動物や人間の器官を研究しなければならない。

その構造は、造影剤や触媒を加えて、顕微鏡でなければ見られない死んだ組織の細片と、機能している生きた組織の両面から研究すべきである。

解剖学がしたように、周囲の環境液から細胞を切り離したり、構造と機能を分けてはいけないのである。

人間の最小単位、「細胞」とは何か

細胞は体内で、小さな有機体が空気を含み、栄養に富む液体に浸《ひた》されたときのように動く。この液体、つまり環境液は海水に似ているが、塩分濃度は海水より少なくて、もっと栄養価が高く、その種類も多い。

白血球と、血管とリンパ管の壁を被っている細胞は、海を自由に泳ぎまわったり、海底の砂地に平たく横たわったりする魚のようである。しかし、組織を構成している細胞は、液体の中を動きまわらない。それは魚ではなく、沼地に住んでいる両棲類にたとえられる。

生きている細胞はすべてこの環境液に浸っており、それがなくては生きられない。細胞は絶えずこの液体を変化させ、また、それによって変化させられる。細胞を環境液から分離することはできない。細胞体が、その細胞核から切り離せられないようなものである。

細胞の構造と機能は、それを取り巻いている液体の物理的、物理化学的、化学的状態に左右される。この液体とは間質リンパ液のことであって、血漿を作ると同時に、血漿によって作られる。

細胞と環境液、構造と機能は、お互いに分離できないものである。自然の環境から細胞を分離することは、絶対やってはいけない。しかし、方法論的な必要性から、やむを得ず細胞を断片に分けて説明することにする。一方は「細胞と組織」であり、他方は器官の環境液――つまり、「血液と体液」である。

細胞は集まって器官とか組織と呼ばれる集合体を作る。

しかし、この集合体は、人間や動物の集団と比べるとほんの表面的にしか似ていない。それどころか、個々の細胞の性質は、人間どころか昆虫と比べても明らかにされていない。

細胞がどのように集まるかには、個々の細胞の本来的な性格が表れている。人間の場合は、個体としての人間の特性を研究するほうが、人間社会の特質を学ぶよりやさしい。

なぜなら、生理学は科学だが、人間集団を研究する社会学は科学ではないからである。それに反して、細胞の集合体を研究する科学は、個々の細胞の構造と機能に関する科学よりも進歩している。解剖学者と生理学者は、はるか以前に、組織と器官についての知識を得ており、それが細胞の集合体を研究する科学なのである。

最近になってようやく科学者は細胞そのもの、つまり集まって器官を作り上げている個々の細胞の性質を分析することに成功した。

組織を培養する新しい方法ができたので、生きている細胞をフラスコの中で研究できるようになった。そしてこれらの細胞は、思いもよらない能力と驚くべき性質を持っていることが明らかになった。それは、正常な生活状態のもとでは隠れているが、病気になって器官の環境液がある物理化学的変化を起こしたときに現れてくる。この機能的な特性は、その構造にもまして、人体を作り上げる力を組織に与えている。

細胞の構造とその成分

細胞はきわめて小さいが、非常に複雑な有機体である。

「半浸透性の膜に囲まれた一滴のゼラチン」というのは、細胞を説明するときに化学者が好む表現だが、適切ではない。

生物学者が原形質《プロトプラズム》と呼ぶ物質は、細胞核の中にも細胞体の中にも存在しない。原形質とは意味のない概念で、人類原形質《アンスロポプラズム》と呼ぶようなものである。

今や細胞は、撮影し、大きく拡大して、スクリーンに映せるようになり、その構造を見ることができる。

細胞の中心には、卵形をして、まわりの壁が伸縮する気球のような細胞核が浮かんでいるが、それは、自力で動けない透明なゼリーで充満しているように見える。

このゼリーの中に二つの小さな核が、ゆっくりと絶えず形を変えているのが見える。核のまわりでは、小さい粒子が激しく動きまわっている。

小さくてはっきりしない微粒子が、同じ場所で渦巻きのようなものをかたちづくっている。もう少し大きい球体は、細胞の中を絶え間なくジグザグに動きまわり、変化していく細胞の先端までも行く。

しかし、最も注目すべき器官は、「ミトコンドリア」と呼ばれる長いフィラメントであり、その形はヘビに似ているが、細胞によっては短いバクテリアに似ている。小嚢《しょうのう》、微粒、小球体、それに糸状体《フィラメント》は、細胞体の中の自由な空間を、永久に滑って、くねりながら動きまわっている。


生きている細胞の構造がこんなに複雑なのには当惑させられるが、その化学成分にいたってはさらに複雑である。その中には小核以外何もないように見えるが、実に素晴らしい性質を持つ物質を含んでいる。

化学者は、細胞核を構成する核蛋白質は単純なものと言うが、そんなことはない。事実、核を構成している物質は遺伝因子を含んでいるのだが、この神秘的なものについては、それが細胞や人間の遺伝的性質になるということ以外、何も分かっていない。おそらく単純であるどころか、核の科学的構成は非常に複雑なものであるに違いない。

遺伝因子は、たいていは目で見ることはできない。しかし、それが染色体の中にあって、細胞が分裂するとき、核の透明な液体の中にその細長い姿が見られるということは知られている。この瞬間に、染色体は二つのグループを形成する。このグループはお互いに離れていく。同時にその細胞全体が激しく震え、四方にその内容物をまき散らし、二つに分かれる。

これらの部分は、伸縮する糸状のものでまだつながっている間にも、お互いに遠ざかっていく。その糸状のものは伸長し、ついに切れる。こうして、新しい二つの有機体は、それぞれ個体になる。

「固定した細胞」と「動く細胞」

細胞も動物のようにさまざまな種類がある。これらの種類は、その構造面と機能面の両方の性質によって決められる。細胞は、甲状腺、脾臓《ひぞう》、皮膚、肝臓などのさまざまな器官から生じてくる。しかし不思議なことに、同じところでできた細胞が、時間が経つうちに違う型をとることがある。細胞という有機体は、空間によるばかりでなく、時間によっても質が変わってくる。

人体を作り上げている細胞は、大きく二つの種類に分けられる。集まって組織や器官を形成している「固定した細胞」と、有機体内部をくまなく移動する「動く細胞」である。

結締《けってい》細胞と上皮細胞は固定した部類に入る。上皮細胞は、体の中で最も高度な部類であり、脳、皮膚、内分泌腺などを構成している。

結締細胞は、器官の枠組みを作り上げており、体のいたる所にある。そのまわりに、軟骨、カルシウム、繊維組織、伸縮性のある繊維のような種々の物質があって、骨格、筋肉、血管や各器官に、機能上欠くことのできない固さと弾力性を与えている。

さらに、細胞は、心臓、血管、消化器官、筋肉のように収縮するパーツに変わる。結締細胞も上皮細胞も、固定細胞と呼ばれるように動かないように見えるが、実際は動いている。

しかし、その動きは遅い。油が水面に拡がるように、環境液の中を滑るように動く。そして、自分の中の液体に漂っている核も一緒に引きずっていく。

固定細胞と移動細胞は著しく異なっている。移動細胞は、血管や組織の中の型の異なる白血球を含んでいる。そして、その動きは速い。白血球は数個の核を持つのが特徴で、アメーバに似ている。リンパ球細胞は小さなミミズのように、ゆっくりと這《は》うように動く。単核白血球はもっと大きくて、タコのような形をしている。薄い波状の膜で包まれた体から長い触手を突き出している。この膜のひだで、死んだ細胞や微生物を包みこんだあと、貪欲にむさぼり食ってしまう。

この異なった種類の細胞をフラスコの中で育てれば、それぞれの性質は、さまざまな種類の微生物と同じように明らかになるだろう。それぞれの細胞が生まれつきの性質を持っており、それは元の組織から分離したのち、時間が経っても変わらないだろう。

細胞の種類はその形と構造ばかりでなく、動き方、結合方法、集合体の姿、成長の速度、さまざまな化学物質に対する反応、その分泌物、必要とする栄養素などによって特徴づけられる。

細胞についての、このより広い知識が、昔の解剖学による単に形態学的な定義に取って代わりつつある。細胞の各集合体――すなわち各器官は、それを構成する法則を、その細胞の基本的性質から引き出している。

組織細胞は、解剖学が唱える特性だけを持っていたのでは、生きている有機体を作り上げることはできないだろう。それには、もっと高度な能力が与えられているのだ。その能力は全部外に現れているわけではない。ふだん行っている活動の他に、ふつうは隠れているが、ある変化が環境液に起こると、それに反応して現れる別の性質もある。

細胞はこうして、日常に起こる思いがけない出来事や病気に対応することができるのである。

細胞は高い密度で集まり、その集合体である組織や器官の構造は、その有機体全体の構成上および機能上の必要に沿って組み立てられている。

人体は緻密にまとまった、一つの可動性のある物体である。そして、その調和は、すべての細胞集合体を統合している血液と神経の双方によって保たれている。

環境液のない組織は考えられない。解剖学的要素と、栄養を与える環境液を運ぶ管との関係によって器官の形が決まる。人体の組織の空間的配列は、すべてこの要求する栄養物によって支配される。各器官は、その細胞が常にたっぷり栄養を含んだ環境液に浸され、また老廃物で妨げられないように作られている。

5 生命維持に不可欠な器官の「環境液」

器官の環境液は、組織の一部である。それがなければ、生命は維持できない。人間の器官や神経中枢が生きていること、私たちの思想、愛情、醜さ、美しさ、そしてその存在そのものにいたるまで、私たちの体液の物理化学的状態に依存している。

器官の環境液は、血管の中を流れる血液と、毛細管の壁から組織に泌《し》み出すリンパ漿、またはリンパ液から成っている。血液は組織全体の環境液であり、リンパ液は各器官への環境液である。

人の器官は、水生植物で埋め尽くされ、小川が流れ込んでそれを養っている池にたとえることができる。水は澱《よど》んで、枯れた植物や老廃物で汚れている。水の澱み加減と汚れ具合は、小川の流れの速さと水量にかかっている。つまり、人体を作る細胞がすんでいる環境液の状態は、直接的、間接的に、血のめぐり次第で良くも悪くもなる。

血液は、他のすべての組織と同じように、組織の一つなのである。約二十五兆ないし三十兆の赤血球と、五百億の白血球によって構成されている。

しかし、これらの細胞は、他の組織の細胞のようには固定されず、粘着性のある液体、すなわち血漿《けっしょう》の中に漂っている。血液は動く組織であり、体のすべての部分へと送られ、細胞に適切な栄養物を運んでいく。

同時に、生きている組織によって出される老廃物を運び去る下水道管としての役目も果たしている。また、修理する必要のある組織があれば、どこであろうと治せる化学物質と細胞も含んでいる。

血液のこういった性質は非常に不思議である。なぜなら、このように驚くべき任務を果たしているときの血液は、まるで急流のように流れ、泥や流れに漂う流木を使って、岸に立っている家を修理しているようなものだからである。

血漿《けっしょう》の役割

血漿は、必ずしも化学者が考えているようなものではなく、実際は驚くほど内容豊かである。血漿は明らかに、塩基、酸、塩、蛋白質の溶液であり、その物理化学的均衡は、スライク（ドナルド・ヴァン・スライク、一八八三－一九七一。アメリカの生化学者）とヘンダーソン（ローレンス・ジョセフ・ヘンダーソン、一八七八－一九四二。アメリカの生理学者）によって発見された法則で表されている。

この特殊な構成のおかげで、組織から絶えず酸が出されても、イオンのアルカリ度はほぼ中性に保たれている。こうして、血漿は組織全体の各細胞に、酸性にもアルカリ性にも偏らない一定の環境液を供給しているのだ。

しかしまた、蛋白質、ポリペプチド、アミノ酸、糖、脂肪、酵素、微量の金属、さらにすべての腺と組織からの分泌物をも含んでいる。これらの物質の大半は、まだあまり性質がよく分かっていない。それぞれの種類の細胞は、生きていくのに欠かすことのできない栄養物と、その行動を促したり遅らせたりする物質を、血漿の中から見つけ出す。血清の蛋白質と結合したある脂肪質の化合物は、細胞の分裂増殖を抑制する能力があり、完全に抑止することさえできる。

血清はまた、バクテリアの増殖を抑える物質、すなわち、抗体も含んでいる。これらの抗体は、組織に侵入してくるバクテリアに対して自己防衛をしなければならないときに現れる。

さらに、血漿の中には、蛋白質の一種である繊維素《フィブリン》の本源である繊維素原《フィブリノゲン》があって、その細片は血管の傷に自然に貼りついて、出血を止める。

赤血球と白血球の役割

赤血球と白血球は、器官の環境液を構成するのに重要な役割を果たす。血漿は大気中の酸素をごく少量しか溶かせないので、赤血球の助けがなかったら、膨大な数にのぼる体じゅうの細胞に必要な酸素を供給できないだろう。

これらの赤血球は生きている細胞ではなく、ヘモグロビンがつまった小さい袋である。肺を通過する間に酸素という荷を積み込み、そのあとすぐ、それを必要とする組織細胞に手渡す。細胞は、酸素を受け取ると同時に二酸化炭素や他の老廃物を血管の中に排出する。

これに反して、白血球は生きている有機体である。時には血液の流れの中を漂い、時には毛細血管から壁をすり抜けて組織の中へと脱け出し、粘膜や腸や腺や、あらゆる器官の細胞の表面に絡みつく。

これらの微小な成分によって、血液は可動性のある組織、修復をする機関、固体でもあり流動体でもある環境液として働き、必要とされる所へはどこへでも行くことができる。器官の一部をバクテリアが襲うと、大量の白血球が素早くそのまわりを取り囲み、そのバクテリアに感染しないように戦う。

また、皮膚であれ他の器官であれ、その傷の表面に大型の白血球が集まって、傷を修復する。この種の白血球は、固定細胞に変わる力を持っている。そして、これらの細胞が連結繊維を生み出し、傷ついた組織を治していく。

毛細血管から漏れ出した液体は、それぞれの組織や器官の局部的な環境液をつくる。この環境液の構成を研究することは、ほとんど不可能に近い。しかし、組織のイオンの酸性によって色が変化する染料を器官の中に注射すると、その器官は色が変わる。環境液の多様性はこうして見ることができるが、実際の多様性はこの実験が示すより大きく、その特質すべてを探り出すことはできない。

人体という広大な世界には、さまざまの異なった国がある。これらの国々では、同じ川から水を引いているのに、それぞれの湖や池の水質は、土壌の成分や植物の種類によって異なるのだ。それぞれの器官、組織は、血漿を用いて自分に合った環境液を作り出す。私たち一人ひとりが健康であるか病気であるか、強いか弱いか、幸福であるか不幸であるかは、細胞とその環境液の間の、相互の調整にかかっているのである。

6 組織の栄養と新陳代謝

器官の環境液となっている種々の液体と、組織や器官全体との間には、絶えず化学変化が起きている。

各器官の栄養に結びつく活動は、細胞にとって基本的なものである。その化学変化や代謝作用が止まると、どの器官もすぐに死んでしまう。

栄養とは、生きていることと同じ意味である。生きている組織は酸素を必要とし、それは血液から与えられる。物理化学的には、組織が高度の還元能力を持っており、化学物質と諸酵素の複雑な仕組みによって、エネルギーを生み出す反応に酸素を使うということを意味している。

糖と脂肪によって供給された酸素、水素、炭素から、生きている細胞は、その構造を維持し運動するのに必要な機械的エネルギーと、器官の状態が変わるたびに現れる電気エネルギーと、化学的反応や生理的作用に欠くことのできない熱を得る。

また、血漿から窒素、硫黄、燐《りん》なども吸収し、新しい細胞を作り、成長させ、修復したりする。諸酵素の助けにより、環境液に含まれている蛋白質、糖、脂肪をさらに小さく分解し、そこで遊離したエネルギーも使用する。細胞は同時に、エネルギー吸収反応によって、いっそう複雑でより高いエネルギーを含む合成物質を作り出し、それを取り入れる。

知的活動と代謝は関係がない

細胞の集合または組織全体の化学的代謝の強さが、器官の生命の強さを表している。代謝作用は、体が完全に安静にしているときに、吸収する酸素と排出する二酸化炭素の量によって測定される。これが基礎代謝である。

筋肉が収縮して体が動き始めると、すぐに代謝量が増加する。代謝作用は大人よりは子どものほうが、イヌよりはネズミのほうが激しい。前にも述べたように、もし人間の身長が非常に伸びたら、おそらく基礎代謝も少なくなるだろう。

脳、肝臓、内分泌腺は、多量の化学的エネルギーが必要である。また、筋肉運動が代謝を高めることは、きわめて明らかな現象である。しかし、人間の活動のすべてが化学的に表せるわけではない。不思議なことに、知的活動と代謝は関係がない。それは、化学的エネルギーを全く必要としないか、現在の技術では探知できないほどわずかしか消費しないか、どちらかであろう。

人間の思考は地球の表面を一変させ、国家を破壊したり建設したり、大宇宙の無限の空間の中に、新しいいくつかの宇宙を発見したが、そうした知的活動に化学的エネルギーは必要としないという事実は全く驚くべきことである。

すぐれた知的活動でも、ほとんど化学的エネルギーは必要ないのだ。シーザー（ジュリアス・シーザー、紀元前一〇〇－前四四。古代ローマの政治家）の野望も、ニュートンの黙想も、ベートーベン（ルードヴィヒ・ヴァン・ベートーベン、一七七〇－一八二七。ドイツの作曲家、ピアニスト）の霊感やパスツールの情熱的な思考も、体内の化学的変化という意味においては、わずかなバクテリアやちょっとした甲状腺への刺激ほども影響を与えなかったのである。

基礎代謝は驚くほど一定している。人体は、どんな環境でも化学的な代謝作用を正常に続ける。極寒にさらされても、栄養補給のリズムを低下させない。

体温は、死が近づいたときだけしか下がらない。それに反して、熊やアライグマは冬には代謝作用を下げ、低速の生命状態となる。

ある種の動物は、乾燥した状態では完全に代謝を止めてしまう。仮死状態はこうして始まる。数週間経過したのちに、この乾いている動物を湿らせると、再びよみがえって、またもとの正常な生活のリズムを取り戻す。

私たちはまだ、家畜や人間にこういう栄養補給の中止状態を起こさせる秘密を発見していない。もし寒い国で冬の間、羊や牛を仮死状態にすることができたら、明らかに好都合であろう。もし、人間が時々冬眠できるようになったら、寿命を延ばしたり、病気を治すことができるかもしれない。

しかし、甲状腺を切除するという野蛮な方法以外には、代謝速度を下げることができず、その方法さえも完璧ではない。人間に関する限り、仮死状態はない。

7 循環器官と肺・腎臓

化学的な代謝の過程で、老廃物が、組織や器官から排出される。それらは特定の環境の中に蓄積され、細胞が生きていけないいない状態を作りがちである。

そこで、栄養補給の点から、リンパ液と血液が迅速に循環して、組織に必要な栄養物を補充し、老廃物を除去することができるような装置が必要になる。循環している液体の量は、器官の容量に比べると非常に少ない。人間の血液の重さは全体重の十分の一にも満たない。しかし、生きている組織は、大量の酸素とブドウ糖を消費し、同時に、多量の二酸化炭素、乳酸、塩酸、燐酸等を、内部の環境液の中に放出する。

生きている細胞をフラスコの中で培養するには、その二千倍にも相当する量の液体を与えないと、数日でその老廃物の毒にやられてしまう。

さらに、環境液の少なくとも十倍にあたるガス状の大気が必要である。したがって、人間の体をどろどろの状態にして試験管の中で培養するとすれば、培養液を約二〇万リットルも必要とするであろう。

しかし実際には、私たちの組織が、二〇万リットルもの液体を必要とせず、六リットルか七リットルの液体で生きていられるのは、血液の循環をつかさどる器官が素晴らしく完全であるのと、栄養物が豊かにあるのと、絶えず老廃物を除去していることによるのである。

循環器官は人間の行動・思考を規定する

循環のスピードが速いのは、組織の異化作用でできる物質によって血液の構成が変えられることを防ぐためである。血漿の酸性度は、激しい運動のあとにだけ強くなる。各器官は、血管運動を調節する神経によって、血液の流れの量と速さを調整する。細胞組織の間にあるリンパ液は循環が遅くなったり止まったりすると、酸性になる。それによって内臓が受ける害の程度は、それを構成している細胞の種類によって異なる。

イヌの腎臓を取り出して机の上に一時間放置し、再びそれをそのイヌに戻すと、腎臓は一時血液を奪われていたことには影響を受けず、引き続き正常に働き続ける。手足においても、三、四時間の血液の中断は何の悪影響もない。

しかし、脳は酸素の不足に対してずっと敏感である。血液循環が止まって、脳に血が行かなくなって二十分も経つと、脳は確実に死んでしまう。たった十分間の貧血でも、重大な取り返しのつかない障がいをしばしば引き起こす。だから、たとえ短時間であっても、完全に脳に血が行かなくなった人を、正常な状態に戻すことは不可能である。血圧を下げることも危険である。

脳と他の臓器は、ある程度の血液の圧力を必要としている。人間の行動や思考の程度は、循環器官の状態に負うところがきわめて大きい。人間の行動はすべて、内部の循環液の物理的・化学的状態によって、すなわち、心臓と動脈によって支配されている。

血液は、組織によって吸収された栄養物を補給してくれたり、また、浄化してくれる器官を絶え間なく通過することで、常にその成分を一定に保っている。

全身の筋肉や各器官をまわって戻ってきた静脈血は、二酸化炭素や老廃物が充満している。すると心臓は、広大な網の目状をなしている肺の毛細管へそれを送り出し、そこで各々の赤血球は大気中の酸素と接触する。それによって、酸素は血液中に浸透し、赤血球の中のヘモグロビンが吸収する。

同時に、二酸化炭素は気管支に排出され、そこから呼吸運動によって外気へと放出される。呼吸が速ければ速いほど、空気と血液間の化学的な代謝作用は活発になる。しかし、血液は肺を通る間に二酸化炭素を排出するのみで、揮発性のない酸や代謝作用による老廃物はまだ残っている。そこで、血液が腎臓を通るときに、ようやく完全に浄化される。腎臓は血液からある物質を分離し、尿として排出する。また、血漿にとって欠くことのできない塩分の量を調節し、その浸透圧が一定に保たれるようにする。

腎臓と肺の機能の効率のよさは、驚嘆に値する。このように、内臓が忙しく活動してくれるおかげで、生きている組織が要求する環境液はきわめて少量ですみ、人間の体はこのように小さくまとまって、軽快さを保っていられるのである。

8 私たちも物質の世界の一部

血液が組織へ運ぶ栄養は、三つの源泉から取り入れられる。肺の作用による「大気」からのものと、「腸の表面」からのものと、「内分泌腺」によるものとである。

人体が消費した物質は、酸素以外はすべて、腸で吸収される。食べ物は、唾液、胃液、さらに膵臓《すいぞう》、肝臓、腸の粘膜からの分泌液によって分解される。消化酵素は、蛋白質、炭水化物、脂肪の分子をさらに小さく分解する。そこで、人間の内部の境界線を守っている粘膜を通り抜けることができる。それから、腸粘膜の血管やリンパ管によって吸収され、器官の循環液に浸透する。

ある種の脂肪と糖は、分解されることなく体内で吸収される。脂肪の密度、固さが、食べ物に含まれている動物性あるいは植物性脂肪の性質によって異なってくるのはこのためである。

たとえばイヌに、イヌの体温で溶ける脂肪を与えるか、溶けない脂肪を与えるかで、そのイヌの脂肪組織は、固くも柔らかくもなる。

蛋白質は、消化酵素によってその成分であるアミノ酸に分解され、その特性を失う。このようにして、牛肉や羊肉、小麦などから得られたアミノ酸やアミノ酸のグループは、それぞれ異なったものからできているという痕跡をとどめなくなる。そして、体内で人類に特有の、また個人に特有の、新しい蛋白質を作り上げる。腸壁は、動物や植物の蛋白質が血液中に浸透するのを防ぐことにより、他の生物の組織に属する分子によって生体が襲撃されないよう、ほぼ完全に守っている。

しかし、時には、他の蛋白質が侵入するのを許してしまう。そのため、生体は多くの異物に対し鋭敏になったり、抵抗することがあるかもしれない。腸が作り上げた外界に対する壁は、決して通過できないというほど強固なものではないのである。

私たちは文字どおり「大地の塵《ちり》」から作られている

腸は食べ物から、人間に不可欠の要素をいつでも消化したり吸収したりできるとは限らない。たとえその物質が腸の中にあっても、組織に入ることができないときもある。

事実、外界の化学的な成分は、各個人独自の腸粘膜の構成に従って、それぞれに異なった働きかけをする。これらの成分によって、私たちの組織も体液も作られるのである。

人間は文字どおり大地の塵《ちり》から作られたと言える。人間の心理的・知的行動は、住んでいる国の地質学的構成と、ふだん食べている動物、植物の特質に深く影響されている。

また、身体の構造と機能は、動物性と植物性の食べ物の中で、どんな要素を好んで選ぶのかに影響を受けるのである。

支配者は、常に奴隷とは全く違った物を食べていた。戦い、命令し、征服した人々は主に肉を食べ、発酵飲料を飲んだが、一方、平和的な人や弱い人や従順な人たちはミルクや野菜、果物、穀物で満足していた。

私たちの適性や運命は、私たちの組織を構成している化学物質の性質によって、ある程度決まる。

食べ物の内容次第で、人間の身体的・精神的発達をコントロールすることもできるように思われる。

空気中の酸素と腸で消化された食べ物に加えて、血液中に含まれる三番目の栄養物は、すでに述べたように、内分泌腺の分泌物から成っている。

人体は、自分自身を作り上げ、血液の化学物質から新たに種々の合成物を作り出すという、不思議な性質を持っている。これらの合成物は組織に栄養を与え、その機能を促進する役割を果たす。

この種の、自分自身で自らを創造していくというプロセスは、自分自身の努力で自らを鍛錬するのに似ている。

甲状腺、副腎、膵臓では、器官の環境液の中に溶けている化学物質から、チロキシン、アドレナリン、インシュリンなどの新しい合成物を合成する。これらの器官はまさしく、化学変化装置とでも呼び得るものである。こうして、細胞や組織の栄養や、心理的・知的活動に欠くことのできない物質が作り出される。

組織に必要な栄養は、食べ物を消化した物質だけでは不十分である。これらは、甲状腺、副腎、膵臓といった腺によって作り変えられなければならない。さまざまな活動をする肉体が生きていられるのは、こうした腺のおかげである。

人間はまず第一に、栄養作用そのものである。それは、化学物質の絶え間ない作用によって成り立っている。

これらは燃焼する気体や水から成り立ち、永久的であると同時に瞬時的でもある。その存在は、気体や液体の流れに依存している。

人体は、それを動かしている物質の質や量によって変化する。物質は絶え間なく体のすべての細胞を通って流れている。そして流れながら、組織にそれが必要とするエネルギーや、器官や体液を構成する化学物質を与えていく。

私たちの体は、生命のない物体と同じ要素で作られている。だから、今なお現代の生理学者には、物理や化学の一般法則が私たち自身の中に働いているのを見て驚く人もいるが、それは驚くにあたらないことである。

私たちも物質の世界の一部なのであるから、こういう法則が働いてないということは考えられないのである。

9 性的機能と男女の相違について

原始時代には、性腺は、子孫を作る行為に人間を駆り立てるものであったが、今は別の機能をも有している。それはまた、生理作用、知的活動、精神的活動すべてを増強させるものである。

睾丸と卵巣の機能がいかに重要であるかは、驚くばかりである。まず、男性と女性の細胞を生み出す。それと同時に、血液中にある物質を分泌するが、それは組織や体液や意識に、男性として、あるいは女性としての特性を刻み込む。

睾丸は、大胆さ、強暴さ、残念さといった性質を生じさせ、卵巣は女性の体に、それにふさわしくなるような影響を与える。

男性と女性の間に存在する相違点は、生殖器特有の形状ではなく、もっと根本的な性質のものである。組織の構造そのものと、卵巣から分泌される特殊な化学物質が、女性の体全体に行きわたっていることによるのである。つまり、女性の体のすべての細胞一つひとつに、女性の「しるし」がついている。

女性の諸器官、なかんずく神経組織についても、同じことが言える。女性は男性とは非常に異なっているのだ。したがって、女性は男性を真似ようとせずに、その本来の性質に従って、その適性を発展させるべきである。文明の進歩の中で、女性の担う役割は男性のものよりも大きい。女性は、女性に特有な機能を放棄してはならないのである。

種族の繁殖に関して、両性の持つ重要性は異なる。睾丸の細胞は、全生涯を通じてとどまることなく、非常に活発な動きをする極微動物である精子を作り続ける。これらの精子は、膣と子宮を満たしている粘液の中を泳いで子宮粘膜の表面で卵子と結合する。

卵子は、卵巣の胚細胞がゆっくり成熟することにより生まれる。若い女性の卵巣の中には、約三十万の卵子がある。そのうち約四百くらいが成熟する。月経と月経の間に、卵子を包んでいる包嚢が破れ、卵子は輸卵管の膜の上に放出され、この膜の上の繊毛の振動によって子宮へ運ばれる。

卵子の核は、その時すでに重要な変化を遂げている。それは、その内容の半分——つまり、各染色体の半分を排出しているのである。そこで精子がその表面を貫いて入る。その時、精子の染色体もすでに半分は失われており、そこが卵子の染色体と結合する。こうして一人の人間が生まれる。

その人間というのは、ただ一つの細胞から成り、子宮の粘膜に植えつけられている。そして、この細胞は二つに分かれ、胎児の発育が始まる。

両性はそれぞれ神聖な役割を担っている

父親と母親は卵子の核の形成に同等の割合で貢献しており、それが新しい生体のすべての細胞を作り出す。しかし、母親は核の物質の半分ばかりでなく、核を包んでいる原形質を全部与えている。だから、母親のほうが、胎児の発生についてはより重要な役目を果たしている。遺伝の法則と遺伝学者の現在の理論では、まだこの複雑な現象を完全に解明するに至っていない。

生殖作用における父親と母親の重要性を比較して論じるときには、バタイヨン（ジャン・ウジェーヌ・バタイヨン、一八六四－一九五三。フランスの生物学者）とレーブの実験を決して忘れてはならない。彼らはオスの要素の介入がなくても、受精していない卵から正常なカエルを生まれさせたのだ。精子は化学的、あるいは物理的刺激で代用できる。メスの要素だけが、欠くことのできないものなのである。

生殖作用における男性の役割は、一時的であるのに対して、女性のほうは九カ月間続く。胎児はこの間、胎盤の粘膜によって母親の血液から濾過された化学物質によって養われる。母親は子どもに、組織を構成する要素を与える一方、胎児が出す物質を受け入れる。

このような物質は有益であるかもしれないし、害があるかもしれない。事実、胎児は、母親からとほぼ同じくらいのものを父親から受け継いでいる。だから、部分的に起源の異なっているものが女性の体内にすみついたわけである。そこで妊娠期間中、その影響を受けることになる。場合によっては、母親は子どもによって中毒を起こすこともあり得る。それによって、母親の生理的、心理的状態は常に変化するのである。

したがって、女性が母性に背を向けるように仕向けることは馬鹿げている。教育者たるものは、男性と女性における身体的および精神的特性と、その生得的諸機能に細心の注意を払うべきである。両性の間には取り消すことのできない相違がある。文明社会を築き上げるにあたっては、これを考慮に入れることがぜひとも必要なのである。

10 神経組織——その種類と役割

人間は神経組織を通じて、刺激を受け、器官と筋肉は、適切な反応をする。

生存するうえで、精神も身体以上に激しく闘う。この絶え間ない闘いにおいて、心臓、肺、肝臓、内分泌腺は、筋肉、手、道具、機械、武器などと同じく、絶対必要である。

見たところ、この目的のために、二つの神経系統がある。中枢神経、つまり脳脊髄系統は人間の意識が及び、筋肉を動かす。もうひとつの交感系統は自律的で、意識とは関係なく器官を制御する。人体は複雑であるが、この二つの仕組みによって、外界に対応することができるのである。

中枢系統は、大脳、小脳、延髄、脊髄から成っている。そして、筋肉の神経には直接に、器官の神経には間接に働きかける。それは柔らかくて白っぽい、非常にもろい物質からできており、頭蓋骨と脊柱に充満している。この物質は感覚神経の作用により、体の表面や感覚器官が発する信号を受け取る。

このようにして、中枢神経は外界と常に接触している。そして同時に、運動神経によってすべての筋肉に、また交感系統によってすべての器官に、その命令を伝える。

無数の神経繊維が体の中を縦横に交差している。その末端は非常に細く、繊細な神経網は、全身にくまなく張りめぐらされていて、中枢神経系統による細胞、交感神経節の二重の連鎖、器官の中に散らばっている小神経節から出ている。

これらの細胞は、体の中で最も高等で、最も精巧である。私たちはカハール（ラモニ・カハール、一八五二―一九三四。スペインの神経解剖学者。脳灰質と脊髄索中の神経細胞の構造および連結の法則を発見）の技術のおかげで、その美しい構造を見ることができる。それは大きい形をしており、脳の表面に見受けられる種類のものはピラミッド型をしている。

このきわめて複雑な器官は、まだその機能が分かっていない。これらは非常に細いフィラメントの形で、つまり樹状突起や軸索の形態をとって拡がっている。

軸索の中には、大脳の表面と軸索の下部の間の長い距離に及んでいるものもある。軸索、樹状突起、その親細胞は、一個の明確な個体であるニューロンを形成している。一つの細胞の小繊維は、決して他の細胞のものとは結合しない。その末端は、きわめて小さい球状のものが集まって房の形をしていて、ほとんど見えないくらいの茎について絶えず動いている。

そして、これは、別の細胞の末端へ、神経連結膜と呼ばれる粘膜によってつながる。各々の神経細胞において、神経の興奮の流れは常に細胞体に対して同じ方向に拡がる。それは神経連結粘膜を横切って、神経細胞から神経細胞へと次々に伝わる。

同じようにそれは、筋肉の繊維の表面に接触している球状体から筋肉の中に浸透する。しかし、その通過は不思議な条件に従わなければならない。通過に要する時間、すなわち時値《クロナキシー》は、接触する神経細胞同士、あるいは隣接する神経細胞と筋肉の繊維の間で、同一でなければならない。

神経の興奮の流れは、異なった時間基準を持つ二つの神経細胞の間では起こらない。だから、筋肉とその神経は等時性を持たねばならない。もし、神経か筋肉のクロナキシーが毒物で変化させられると、もはや神経興奮の流れは筋肉に達することなく、筋肉は麻痺する。

この神経と筋肉の時間的な関係も、その空間的な連続性と同じように、その機能が正常に働くためには欠かすことができない。痛みを感じるメカニズムはまだ分かっていないが、神経が活動している時には、それに沿って電位の変化が走るということは知られている。実際に、電気の波が脳に伝達されると、痛みの感覚として現れることが明らかになっている。

感覚神経細胞と運動神経細胞

神経細胞はリレー方式でお互いに連結し、二つのグループに分かれている。一つのグループは、知覚細胞と運動神経細胞から成り、外界や器官からの刺激を受けて随意筋を支配する。もう一つは連合神経細胞であり、その数は非常に多く、神経中枢をきわめて精巧な、複雑なものにしている。

私たちの知性は、大宇宙の限界を知ることができないのと同じく、脳の無限の奥行きも認識することはできない。脳は百二十億以上の細胞を含んでいる。これらの細胞は小繊維によって互いに結ばれており、各々の小繊維は数個の枝を持っている。これらの小繊維によって何兆回も連結する。そして、この微小な個体と目に見えない小繊維が途方もなくたくさん集まっている集合体は、その思いも及ばぬ複雑さにも拘らず、まるで本来一つであるかのように働く。

分子や原子の単純な世界に馴れている観察者たちにとっては理解できないものの、常に素晴らしい現象のように見える。

神経中枢の主要な機能の一つは、環境から受ける刺激に対して適切な反応をすることであり、言い換えれば、反射反応作用を起こすことである。

たとえば、カエルの頭を切って、足を伸ばしたままぶら下げておく。もし片方の足の指をつねると、その足は動いて痛い刺激から逃げようとする。この現象は反射弓、つまり感覚神経細胞と運動神経細胞の二つが、索状組織の中でお互いに連結したものの存在によるのである。

概して、反射弓はそんなに単純ではなく、感覚神経細胞と運動神経細胞の間にある、一個ないし数個の連合神経細胞を含んでいる。

神経系統は、ほとんどすべての行動は言うまでもなく、呼吸したり、飲み込んだり、真っ直ぐに立っていたり、歩いたりといった反射作用にも深く関係している。これらの動きは無意識的に起こるものである。しかし、そのうちのいくつかは、意識によって影響されるものもある。

たとえば、自分の呼吸運動について考えると、そのリズムはすぐ変化する。それに反して、心臓や胃や腸は意志とは全く無関係である。しかし、あまりそれに気を取られると、その自動性が妨げられることがある。

立ったり、歩いたり、走るための筋肉も、脊髄から命令を受けるが、その動きは小脳によって調整される。索状組織と同様に、小脳も精神作用には関係がない。

大脳皮質と条件反射・学習

大脳の表面、つまり脳の外皮には、種類の異なる神経器官がモザイク状に集まっていて、体のさまざまな部分につながっている。たとえば、ローランド域として知られている脳の側面は、把握と運動と分節された言語をつかさどっている。

外皮のずっと後方には、視覚の中枢がある。さまざまに異なった場所にできた傷や腫瘍や出血は、それぞれ対応する機能の障がいを引き起こす。病巣が、脳中枢と脊髄の下部を結んでいる繊維質にある場合も、似たような障がいをもたらす。パブロフ（イワン・パブロフ、一八四九－一九三六。ロシアの生理学者）の条件反射と呼ばれている反射作用も、大脳皮質において起こる。

イヌは口に食べ物を入れてもらうと、唾液を分泌する。これは先天的な反射である。しかし、いつも食べ物を持ってきてくれる人の姿を見たときも唾液を分泌する。これは後天的に獲得した反射、つまり条件反射である。

人間や動物の神経系統は、こういう性質を持っているから教育が可能になる。もし脳の表面が取り除かれるならば、新しい反射作用を作り出すことは全く不可能である。この複雑な問題について、人間はまだほんの初歩的な知識しか持っていない。

意識と神経作用の関係や、精神と大脳の関係についても分かっていない。脳細胞の中で起こることが、どうして以前の出来事や、あるいは将来の出来事によって影響されるのか、あるいはまた、どのようにして受けた刺激を抑制に変えるのか、またその逆を成立させるのか等々についても分かっていない。

また、どのようにして脳で、予想もできないことを思いついたり、またどのようにして思考が生み出されるのかについては、いっそう解明されていないのである。

精神と運動の相互作用

脳と脊髄は、神経や筋肉とともに分かち得ない組織を形成している。

機能的な観点からすると、筋肉は脳の一部にすぎない。その筋肉と骨の力を借りて、人間の知性はこの世界に足跡を残したのである。人間は骨格の形のおかげで環境を克服してきている。手足は梃《てこ》をつないだものであり、三つの部分からできている。

上肢は動く板である肩甲骨に取りつけられている一方、下肢は骨盤に連結されていて、これは環状骨であり、ほとんど固定して動かない。

運動の筋肉は、骨に沿ってついている。腕の先端近くで、これらの筋肉は腱《けん》に変わり、指や手そのものを動かす。

手はまさに最高の作品と言えよう。感じると同時に行動する。それはまるで目がついてでもいるかのように動く。手は、それ独自の性質を持つ皮膚、触覚神経、筋肉、骨のおかげで、武器や道具を作ることができる。

私たちは、指の助けがなかったら、絶対に物質界で支配権を握ることはできなかったであろう。手は非常に繊細な仕事も、きわめて荒っぽい仕事も、一様にこなしていく。

指は狩人のナイフ、鍛冶屋のハンマー、きこりの斧、農夫の鋤《すき》、騎士の剣、パイロットの操縦桿、画家の絵筆、ジャーナリストのペン、絹織り職人の糸を、どれも同じように巧みに使いこなしてきた。それは、殺すことも祝福することも、盗むことも与えることも、畑の上に穀物の種を播《ま》くことも、塹壕《ざんごう》に手榴弾を投げ込むこともできる。

足は弾力と適応性を持ち、振り子のような動きによって、走ったり歩いたりする。車輪の原理を応用しているだけの機械は、まだこれには及ばず、どんな姿勢にも素晴らしく柔軟に適応する。ダンスホールのよく磨かれた床でも、パークアベニューの歩道の上でも、ロッキー山脈の斜面でも、どこでも困らない。

手に劣らず、他のすべての生物に対する人間の優位性を確実にしたものがもう一つある。それは大脳皮質、神経、筋肉、軟骨から成り、舌と喉頭と、その神経器官から構成されている。この組織のおかげで人間は自分の考えを表現し、音声という手段によって仲間と交流することができる。もし言語がなかったら、文明は存在しなかったであろう。言葉を使うことは手を使うことと同じく、脳の発達を大いに促進した。

手と舌と喉頭に対応する大脳の部分は、脳の表面の広い部分を占めている。神経中枢は、書き、話し、物事を把握し、処理すると同時に、逆にこれらの行為によって刺激されもするのである。

精神の働きは、筋肉のリズミカルな収縮によって助けられるように見える。そしてある種の運動は、思考を刺激するように思われる。おそらく、この理由によるものであろうか、アリストテレス（紀元前三八四－前三二二。古代ギリシアの哲学者）とその弟子たちは、哲学や科学の問題を討議しながら歩きまわる習慣があった。

神経中枢のどの部分も、バラバラに働くものはないように見える。内臓、筋肉、骨髄、大脳も、機能的には一つなのである。骨格の筋肉も共同して働くためには、脳と脊髄ばかりでなく、多くの器官に依存している。それは中枢神経系統から指令を受け、心臓、肺、内分泌腺、血液からエネルギーを得るのである。脳の指令を行動に移すためには、体全体の協力が必要なのである。

11 内臓の神経系統について

外の世界と接するとき、自律神経の働きによって、個々の内臓は体全体と協調することができる。胃、肝臓、心臓などは、意志とは関係なく動いている。一方、動脈の拡がり具合や脈搏のリズムや腸の収縮を意識で変えることはできない。

人体の自律的な作用は、器官の中にある反射弓によるものである。これは局部的な頭脳で、神経細胞の小さい集まりであり、組織の中や皮膚の下、血管の周囲などに散らばっている。反射中枢は数多くあり、そのため内臓は独立している。

たとえば、腸の一部分を体から取り出して、人工的に血液を循環させても正常な動きを示す。移植された腎臓は、神経が切られても直ちに働き始める。このように、大部分の器官は、体から切り離されても機能することができる。

しかし、個々の器官は無数の神経繊維によって、脊柱の前にある二重の連鎖状の交感神経節や、腹腔の血管を取り囲んでいる他の神経節と結ばれている。これらの神経節はすべての器官を統合し、その働きを調節する。さらに、脊髄や脳との関係を通じて、体全体を使うときには、内臓の働きと筋肉の動きを一致させる。

内臓は中枢神経系統に依存してはいるが、ある程度は独立もしている。イヌやネコの体から、血管と神経はつけたまま、心臓の鼓動や血液の循環を止めずに、肺、心臓、胃、肝臓、膵臓、腸、脾臓、腎臓、膀胱を取り出すことができる。この取り除いた内臓を温かい溶液の中に入れ、肺に酸素を供給すれば、それは生き続けるのである。心臓は脈打ち、胃と腸は食物を消化する。

キャノン（ウォルター・B・キャノン、一八七一－一九四五。アメリカの生理学者）がネコに対して行った実験のように、交感神経の二重の鎖を切除することにより、生きている内臓を神経中枢組織から簡単に切り離すことができる。

この手術を施された動物は、檻《おり》の中にいる限り健康に生き続ける。しかし、自由に外を走りまわることはできない。生存競争のために、心臓や肺は、もう筋肉や爪や歯を助けようと働くことはないのである。

交感神経と副交感神経

交感神経節の二重の鎖は、頭蓋、脊椎、骨盤の部分へと三つに分かれている神経を通って、脳脊髄組織と連結している。頭蓋と骨盤の自律神経は、副交感神経と呼ばれている。背の部分は交感神経である。

各器官には、副交感神経と交換神経という、作用が互いに相反している二つの神経系統からの神経が出ている。副交感神経は心臓の働きを遅くし、交感神経は促進する。後者は瞳孔を拡大させ、前者は収縮させる。それとは反対に、腸の動きは交感神経によって鈍くなり、副交感神経によって活発になる。

この二つの神経系のどちらが優勢であるかによって、人間の気質が異なってくる。

脳下垂体や副腎のように、腺細胞と神経細胞の両方からできている器官があり、交感神経の影響を受けて活動する。

アドレナリンは交感神経と同じように、血管の収縮を引き起こす。自律神経系統は、交感神経と副交感神経によって、内臓全体を制御し、その動きを統合する。適応機能によって人体の機能は持続されるが、これは大部分、交感神経に依存するもので、それについては後述する。

内臓器官と中枢神経のつながり

よく知られているように、自律した器官は中枢神経系統につながっているが、これこそが人体の器官の機能をすべて調整する。それは脳の中枢で代表され、この中枢が感情の表現を決める。この部分に傷や腫瘍ができると、情緒的な機能障害が起こる。人間の感情表現は、実に内分泌腺の作用によるのである。

恥辱や恐れや怒りは、皮膚の血液循環を変える。そして顔色が青くなったり赤くなったり、瞳孔が閉じたり開いたり、目が飛び出たり、血中のアドレナリン濃度が上がったり、胃液が出にくくなったりする。

人間の心理状態は、内臓の機能に著しい影響を与える。胃と心臓に関する多くの病気が、神経の病気によって引き起こされる。交感神経系統は脳から独立しているのではあるが、心の悩みに対して十分に身体器官を守ることはできない。

器官には感覚神経が備わっている。そして、神経中枢、特に内臓をつかさどる中枢へ頻繁にシグナルを送る。日々の生存競争の中で、外に注意が向けられている時には、器官による刺激が意識にのぼらない。しかし、その隠された力を意識しなくても、その刺激は私たちの思考、感情、行動、ひいては生活全体に影響を与えているのである。

人間は時々理由もなく、不幸が迫っているような気がすることがある。また、うれしく感じたり、説明のできない幸福感に浸ったりする。これは、器官組織の状態が、気づかないうちに意識に働きかけているのである。

病気にかかった内臓は、こういった方法で警報を発するのかもしれない。健康な人でも病気の人でも、危機に瀕しているとか死が迫っているとか感じるときは、たぶんそういう警告が内臓をつかさどる神経中枢から発せられ、それは滅多に間違うことがない。

しかし現代人は、精神的活動と同様、交感神経の機能のバランスが、あまりうまくとれないことがある。自律神経系統は、心臓、胃、腸、腺などを、ストレスから守る力をだんだん失っている。

交感神経は、原始時代の危険や過酷さに対しては、十分に防衛できた。しかし、現代生活の絶え間ないストレス衝撃に対抗できるほど頑丈にできているわけではないのである。

12 人体の複雑さと単純さについて

このように、人体はきわめて複雑で、何十億もの細胞から成り立っていて、細胞の巨大な集合体のように見える。これらの個々の細胞は、化学物質で作られている体液に浸って生きており、それは器官によって作られた物質と、食べ物から吸収した他の物質とからできている。そして、体の隅から隅まで、化学物質を仲介として連絡をとる――つまり、分泌物の力に依存するのである。

さらに、細胞は神経組織によって統一を保っている。その集合体はきわめて複雑であるが、この巨大な個体の集まりは、完全に統合された一個の生物として行動する。

たとえば、海水ほど単純で、均質に見えるものはない。しかし、もしこの水を約百万倍に拡大する能力のある顕微鏡で見ることができたなら、その単純さは消え失せてしまうだろう。

その澄んだ一滴の中には、異なった大きさと形を持つ異質の分子の集団が勝手な速度で動きまわり、手がつけられない無秩序な状態のものになっているはずだ。

このように、この世界にあるものは、それを研究するために選ぶ手段によって、単純にもなり、また複雑にもなる。事実、機能的な単純さは複雑な基盤に結びついている。これは観察に関する初歩的な事実である。

器官の構造的限界と機能的限界

人体の組織は、異なるものが混ぜ合わさった状態をなしている構造物である。肝臓、脾臓、心臓、腎臓は、特殊な細胞の集まりであり、明らかに空間的に制限されている個体の集まりである。

解剖学者と外科医にとって、体の器官が異種混合であるということは疑う余地がない。しかし、実際はそれほどではないのかもしれない。

機能は器官ほど明らかになってはいない。たとえば、骨格は単なる体の枠組みであるだけではない。骨髄の力を借りて、白血球と赤血球を作るのであるから、循環、呼吸、栄養系統の一部にもなっているのである。

肝臓は胆汁を分泌し、毒物や微生物を破壊し、グリコーゲンを蓄え、生体全体の糖質代謝作用を調整し、ヘパリンを作り出す。膵臓、副腎、脾臓も、同じように一つの機能だけに限定されてはいない。個々の内臓は多くの機能を持ち、ほとんどすべての身体の現象に関係している。

個々の内臓は、構造的限界のほうが機能的限界より狭く、生理学的個性のほうが解剖学的個性よりもはるかに及ぶ範囲が広い。

ある細胞の集合体は、自分で生み出した物質によって、他のすべての集合体とつながりを持つ。内臓と呼ばれる細胞の巨大な集合体は、すでに知られているとおり、一つの神経中枢の支配下にある。この中枢は、すべての器官のあらゆる部分に指令を下す。こうして、心臓、血管、肺、消化器官、内分泌腺の諸器官の個性はすべて混じり合い、全体として一つにまとまって働くようになる。

人体の解剖学的異質性と生理学的同質性

人体が異種物の混合体であるというのは、実際には観察者の幻想である。ある器官は、その組織学的要素によって定義されるべきだろうか、それとも絶えず自分が作り出している化学物質によって定義されるべきだろうか？

解剖学者は、腎臓を明確に二個の腺と見ている。しかし生理学的観点からは、これは一つのものである。もし片方が取り除かれると、他の一つはすぐ大きくなり始める。器官というものはそのものだけでなく、それが分泌する物質が到達するところまでを指すのである。

実際に、器官の構造的・機能的状況は、その分泌物が排出される比率や、他の器官によるその分泌物の吸収率によって変わる。各々の腺はその内分泌物によって体全体に拡がっている。

睾丸から血液中に青い物質が排出されると仮定しよう。すると、男性の体全体は青くなるであろう。睾丸そのものはもっと濃い色になるだろう。やがて、その色は、骨の先端の軟骨にまで及ぶだろう。そうなると体は、巨大な睾丸でできているように見えるだろう。

各腺の拡がりは、空間的にも時間的にも、実際は体全体と同じなのだ。器官は解剖学的要素から成り立っているのと同様、内部の環境液からも成り立っている。そしてこの環境液は、解剖学的境界をはるかに超えて出ていく。

もし腺の概念を、繊維質でできている構造、上皮細胞、血管、神経だけに限定するならば、生きている有機体としての実体は把握できない。要するに、体というものは解剖学的には異種混合物であり、生理学的には同質物である。行動は単純だが、構造は複雑である。しかし、こういう対照的現象は、人間の心が作り出したものに他ならない。

私たちは常に、人間というものが、まるで自分たちが作った機械の一つのように組み立てられている、と見なすことを好むのである。

13 分離された細胞が持つ不思議な力

事実、機械も人間の体も、有機体である。

しかし、人体の組織は機械の組織とは異なる。機械は、本来別個のものである部品を数多く集めて構成される。ひとたび組み立てられると、部品の持つ多様性は統合される。ある特定の目的のために組み立てられるのである。そして人間と同様に、単純でもあり複雑でもある。

しかし、機械は第一に複雑であり、第二に単純である。これに対して人間は、第一に単純であり、第二に複雑なのである。人間は一つの細胞から発生する。この細胞が二つに分裂し、さらに各々が分裂し、果てしなく分裂を続ける。

こうして、構造的に精巧に作り上げられていく過程においても、胎児は受精卵のときと同じ単純な機能を保ち続ける。細胞は数えきれないほど多数の要素になってしまってからも、本来の単一性を保持しているように見える。そして自然に、統一した有機体の中で与えられた自分の機能を知る。動物の体から上皮細胞を切り離し数カ月培養すると、まるで表面を保護するかのように、それはモザイク状態になり始める。保護されるべき表面はない。フラスコの中の白血球は、守るべき器官がないのに、せっせと微生物やバクテリアを食い尽くそうとする。体の各要素はその役目について最初からプログラミングされており、それによってその存在様式が決まってくるのである。

分離された細胞は、他の組織から切り離されているのに、それぞれの器官の特性を持つ組織を再生し始める、という不思議な力を持っている。

もしリンパ液の中に入った一滴の血液から、重力によって赤血球が流れ出て小さい流れをかたちづくると、すぐ両側に堤防のようなものが作られる。それからこの堤防は繊維素《フィブリン》の単繊維で自分を被い、流れは管となり、ちょうど血管と同じようにその中を赤血球が流れ始める。次に白血球がきて管の表面に付着し、その波状の粘膜で包む。そして血の流れは今や、収縮細胞の一重の層で包まれている毛細血管の様相を見せてくる。心臓も循環作用もないのだが、分離された赤血球と白血球は、何とか循環器官の一部を作ろうとする。

蜜蜂は幾何学的な小さなくぼみを組み立て、蜜を集め、幼虫に栄養を与え、まるで個々が数学や化学や生物学を知っているかのように、集合体全体のために働くが、細胞はその蜜蜂と似ている。昆虫が社会的適応性を持っているのと同じように、組織を構成する細胞は、器官を形成しようとする自然発生的な傾向を持っているのであるが、これは第一に観察される事実である。しかし、そのことは、今日の科学でも説明できない。

器官は魔法のような方法で変身する

人間の器官は、人間がいまだ知らない方法で作られている。家のように外部の材料で作るのではない。細胞で構成するのではないし、また単に細胞が集合したのでもない。もちろん、家がレンガで造られるように、細胞から成り立ってはいる。しかし、まるで家が、他のレンガを作り出す魔法のレンガ一個から建てられたとでもいうように、一個の細胞から生まれるのである。そしてこういうレンガが、建築家の設計図やレンガ職人の手を待たずに、自分たちで集まって壁を形成する。また、この細胞は、窓ガラス、屋根のスレート、燃料用の石炭、台所や風呂場用の水にも変わる。

器官は、まるで、魔法のような方法で変身する。組織は、どう見ても、これからでき上がるものを知っているとしか思えない細胞から発生し、血漿に含まれている物質から、建築材料ばかりでなく設計士や建築士まで合成するのだ。

生体が用いるこれらの方法は、私たちが用いる方法のように単純ではない。それは、不思議に思われる。器官の中の世界では、人間の知性と似たようなものに出会うことはない。そして、知性は秩序ある宇宙の単純さに従っており、生物の内部組織の複雑さに従っているのではない。

今のところ、身体の組織の様式や、その栄養面、神経面、精神面での活動の様式を理解することはできない。機械学、物理学、化学の法則は、自分から動かない物質には完全に適用でき、部分的には人間にもあてはまる。

十九世紀の機械論者の幻想や、人間を物理化学的にだけ見る幼稚な考えを、いまだに非常に多くの生理学者や医者が信じているが、これは絶対に放棄しなければならない。

この大宇宙の創造主である神は数学者であると信じ、そう教えている人がいる。もしそうであるとすれば、生物、そして人間は、明らかに別の神によって創造されたのである。私たちの思策は何と素朴なのであろう。

実際、人体に関する私たちの知識は、きわめて初歩的なものであり、現在のところ、その組織を把握することは不可能である。だから、器官の機能と精神の活動を、科学的に観察することで満足しなくてはならない。そして、他に道しるべはなくても、未知のものに向かって前進しなければならない。

14 身体の強さと弱さ

私たちの身体はきわめて強靭である。極地の寒さでも、熱帯の暑さでも、どんな気候にも適応する。そして飢餓、悪天候、疲労、困難、過労に対しても抵抗する。

健康な身体は黙って生きている。その働きは聞こえもしないし、感じられることもない。

私たちの律動は、静かに黙想していると、モーターの柔らかい回転音のように意識の奥底に満ちてくる。器官の機能がよく調和がとれていると、平和な感じがする。ある器官が衰え始めると、この平和は破られるであろう。

強靭な肉体を支える素質と鍛錬

痛みは窮迫のしるしである。病気ではないけど健康ではないという人が大勢いる。おそらく、組織のどれかに欠陥があるのである。欠陥があると、腺や粘膜の分泌物が少なすぎたり多すぎたりするだろう。

神経組織の感受性が敏感になりすぎていることもあろう。器官の機能が、空間的・時間的なズレを生じるようになるかもしれない。また、組織はもともと感染症に対する抵抗力があるはずだが、それが十分ではなくなっているのかもしれない。こういう人は器官の欠陥を深く感じとって、非常に不安な状態になる。

うまく調和をとって組織や器官を、発達させられるような方法が将来発見されたなら、あのパスツール以上に大きな利益を人類にもたらすであろう。なぜなら、その発見者は、ほとんど神の賜物とでも言えるほどの最も貴重な贈物、つまり幸福になるための方法を人間に与えるからである。

身体が弱くなるのには、いろいろな原因がある。栄養が不足していたり、反対に取りすぎていたり、アルコール中毒、性感染症、そしてさらにレジャーによってさえ、組織や器官の質が低下することはよく知られている。裕福であることも、無知や貧困と同じように危険なのである。

人間は熱帯の気候の中では退化する。それに反して、温暖な国、あるいは寒い国では繁栄する。つまり、絶えざる苦闘、精神的・肉体的努力、心理的・精神的規律の鍛錬、そしてある程度の欠乏を伴う生き方が必要なのである。

こういう状況が、疲労や不安に対して身体や精神を鍛えていく。そして病気、特に神経系の病気から身を守る。これが人間を駆り立て、否応なく外界の征服へと向かわせるのである。

15 伝染性の病原菌による病気と退行性の病気

人間の器官の活動は非常に数多いが、病気の種類もそれに劣らず多い。胃、心臓、神経系統などの病気がある。しかし病気の時でも、身体は健康な時と同じく統一性を保っている。つまり、全体として病気というだけなのである。

厳密に言うと、どんな障がいも一つの器官だけに限られるということはない。医者たちは、人間に関する古い解剖学的知識によって、各病気を一つの専門分野として考えるよう指導されてきた。人間の各部分とその全体の両方を、解剖学的、生理学的、精神的観点から同時に理解している人だけが、病気の人を真に理解できるのである。

ウイルス、バクテリアが体に侵入した場合

病気は、機能的不調と構造的不調から成っている。

そして病気は、二つの大きな種類に分類される――伝染性の病原菌によるものと退行性のものとである。

前者はウイルスやバクテリアが体に侵入した場合に起こる。ウイルスは目に見えないほど小さく、蛋白質の分子より大きいとは言えないぐらいである。そして、細胞そのものの中にすんでいる。彼らは神経組織、あるいは皮膚や腺の組織を好む。そして人間や動物のこれらの組織を破壊したり、その機能を変化させたりする。

小児麻痺、流行性感冒、嗜眠性脳炎、あるいは、はしか、発疹チフス、黄熱病、そしておそらくは癌もこれらのせいである。

これらのウイルスは、害のない細胞、たとえば雌鶏の白血球を凶暴な細胞に変え、それが筋肉や器官を襲ってその病気に罹った動物を二、三日以内に殺してしまう。これらの恐るべきウイルスのことはまだ分かっていない。それを見た者は誰もいない。ただ組織にダメージを与えることによってのみ、その存在が明らかになる。

その猛攻撃の前に、細胞はあまりにも無防備である。木の葉が煙に抵抗できないのと同じく、細胞はウイルスに抵抗できない。

ウイルスに比べると、バクテリアは全く巨人みたいなものである。しかし、腸、鼻、目、咽喉の

粘膜や傷の表面を通過して、やすやすと体内に侵入する。そして細胞の中ではなく、その周囲に付着する。

バクテリアは、器官を分離している組織を侵す。そして皮膚の下、筋肉の間、腹腔、脳や髄を包んでいる粘膜の中で増殖する。間質リンパ液に、有毒物質を分泌し、血液の中に入り込むこともある。そして、すべての器官の機能を混乱させるのである。

バクテリアに感染した結果起こる病気

退行性の病気は、ある種の心臓病や腎臓病のように、バクテリアに感染した結果起こることが多い。また、器官の中に組織自体から有毒物が出され、それが体の中にとどまることによって起こることもある。

甲状腺の分泌物の量が増えすぎたり毒性を帯びたりすると、眼球突出性甲状腺腫の症状が現れてくる。また、ある種の障害は、栄養上欠かすことのできない分泌物が不足するために起こる。甲状腺、膵臓、肝臓、胃の粘膜などの内分泌腺に障がいがあると、粘液水腫、糖尿病、悪性貧血などが起こる。また、ビタミン、無機塩、ヨード、金属など、組織の構成や維持に必要な物質が欠乏して起こる病気もある。

もし器官が、必要とする物質を得ることができない場合には、細菌感染に対する抵抗力を失い、組織構成に障がいを起こし、毒素を出したりするようになる。

また、現在のところ、アメリカ、ヨーロッパ、アフリカ、アジア、オーストラリアの、すべての医学研究に携わっている科学者や研究所を悩ませている病気には、癌および神経、精神系統の疾患がある。

病気は克服されていない

健康問題に関しては、二十世紀の初め以来、大きな進歩が遂げられている。

結核は征服されつつある。乳幼児が下痢、ジフテリア、腸チフスなどで死亡することはなくなった。バクテリアを原因とする病気はすべて、驚くほど減少した。平均寿命――すなわち出生時における平均余命――は、一九〇〇年にはわずか四十九歳であったのが、今日では著しく延びてきている。

しかし、こうした医学の勝利の一方で、病気に関する問題は解決からはほど遠い。現代人は繊細なのである。

医学は人間の苦悩を減じると思いこもうとしているが、まだそうなるにはほど遠い。感染による病気の死亡者数が激減したのは事実である。しかし、人間はいずれ死ななければならないし、退行性の疾患で死ぬ割合はずっと多くなっている。

ジフテリア、天然痘、腸チフスなどを征服して寿命を延ばしたが、その分だけ長い間、慢性の障害、特に癌、糖尿病、心臓病によって苦しみ、死の淵をさまよっているのだ。

その上、昔と同じく、慢性腎炎、脳腫瘍、動脈硬化症、梅毒、脳出血、高血圧、そしてまた、これらの病気によって起こる知的、精神的、心理的障害を免れることができない。さらにまた、食べ物の取りすぎ、運動不足、過労が続くと、同じように器官や機能に障がいが起こる。

精神のバランスの欠如と、内臓神経系統の神経症は、胃と腸に多くの障がいをもたらす。心臓病も増加している。糖尿病もその例にもれない。中枢神経系統の慢性的な病気も無数にある。一生の間に、各個人は絶えず興奮、騒音、心配事にさらされ、そのために、何らかのかたちで神経系統の無数の病気で悩む。

現代の衛生学によって、人間の生存ははるかに安全に、長く、快適になってはいるが、病気は克服されていない。ただ、その性格が変わっただけである。

この変化は、伝染病を根絶させてきた結果であることは疑いもない。しかし、新しい生活様式の影響によって、組織に体質的変化が起こったことにもよるかもしれない。

人間の体は、退行性の病気に影響されやすくなったように見える。身体は絶えず神経と精神に衝撃を与えられ、障がいのある器官が作り出す毒素や、食べ物や空中に含まれる有毒物質にさらされているのである。

また、本質的な生理学的機能の欠陥にも侵されている。主食が、昔と同じように栄養のある物質を含んではいないのかもしれない。

大量生産により、小麦、卵、ミルク、果物、バターなどはその見た目は変わらないが、成分が変わってしまっている。化学肥料は、土壌の中の消耗した要素を取り換えないままで作物の収穫高を増やし、間接的に穀物や野菜の栄養価を変えてしまった。

雌鶏も人工飼料と飼育方法によって、大量生産が可能になった。これまでの平飼いの鶏の卵と、大量生産の卵の質が同じということがあり得るだろうか？　牝牛も今は一年中閉じ込められ、人工生産された飼い葉で飼育されているから、ミルクについても同じ疑問が起こる。

衛生学者は、病気の原因について十分な注意を払っているとは言えない。生活状態と食べ物、それが現代人に与える生理面、精神面への影響に関する研究は、表面的で不十分であり、その期間も短すぎる。衛生学者がこうして、私たちの身体と精神を弱体化させているのである。そして、文明の発達と引き換えにして起こる退行性の病気に対し、無防備のまま人間を放置している。

私たちは、人間の精神活動の本質を考慮しない限り、これらの影響の特質を理解することはできない。病気においても健康なときも、身体と意識を切り離すことはできない。

第4章

「精神」——その力の解明の歴史

1 身体と精神を分けて研究はできない

人間には、生理的な活動と同時に「精神的」な活動もある。

身体の生理的な活動は機械的な働きであり、熱、電気的な現象、化学的変化で表され、物理学や化学的手法によって測定することができる。

一方、精神の存在、意識の存在は、内省や、人間行動の研究に用いる別のアプローチが採られる。意識とは、自分が自己表現することを、自分で考えてみることと同じである。ここで、便宜上、精神活動を知的、道徳的、美的、宗教的の面に分けておく。

事実、身体と精神は、人間という一つの対象を違う手法で見た結果生まれた概念であり、人間の理性によって、人間という具体的な一つの全体から引き出された抽象概念である。身体と精神が対照的に見えるのは、単にこの二つについての研究方法が違うからである。

しかし本来は、身体と精神を分けて研究できるものではない。便宜上、人間を生理的な活動と精神的な活動に分けているだけで、実際には一つの複合体なのである。

もちろん、人は常に魂を、実際に存在する一つのもののように語り続けるだろう。ちょうど、ガリレオの時代から、誰もが太陽は動いていないと知りつつも、日が沈むとか日が昇るとか言ってきたようなものである。

精神は人間の一面であって人間に特有のものであり、人間を他の動物と区別するものである。私たちは、この精神という、誰もが知っていて、かつきわめて不思議な存在を定義することはできない。それは、人間の奥深くにあって、測定できるほどの化学物質を消費することもないからだ。

この精神という神秘的な存在を、どう捉えたらよいのだろうか？　すでに知られているエネルギーの形態に関係があるのだろうか？　物理学者には無視されているが、光よりもはるかに重要で、この宇宙の一つの構造要素なのではないだろうか？

精神は、生きている体の中に隠れ、生理学者や経済学者には全く無視され、医者にさえ、ほとんど注意を払われていない。それでいて、この世界でいちばん大きな力なのである。

いつの時代も、哲学者はこういった問題に生涯をかけて取り組んできた。しかし、まだ答えは見つかっていない。だから、私たちもこの問いかけをやめるわけにはいかないのである。だが、意識の本質を解明する新しい方法が発見されない限り、答えることはできない。

が、そうする間にも、知りたいという衝動に駆られる。精神という、人間にとって本質的であり、特有なものに対する理解が進むためには、現在の観察方法で得られる現象と、その生理学的活動との関係について、注意深く研究する勇気を持たねばならない。

物質が精神から切り離されていったルネサンス以降の科学

人間には、外から見える活動と見えない活動がある。目に見えない機能も、いつも見えているものと同じく存在しているのである。

プラトン（紀元前四二七－前三四七。古代ギリシアの哲学者）の考えた人間活動とは、飢え、渇き、性欲、強欲などよりも、もっと人間の本性に特有なものである。ルネサンス以来、人間の一部の面だけが重んじられるようになり、物質が精神から切り離されてしまった。そして、物質のほうが精神よりも真実であると見られてきている。

生理学と医学は、人体の活動の化学的な変化と、組織を顕微鏡で見て分かる程度の器官の異変に注意を向けている。社会学は、ほとんど独特とも言うべきやり方で、機械を動かす能力、仕事の生産性、消費者としての購買力、その経済的価値という見地から人間を見ている。衛生学は健康、人口増加の方法、伝染病の予防、さらに生理学的福祉をできる限り増進することに専念している。教育学は子どもたちの知的、身体的発達に努力を傾けている。

これらの研究分野では、意識のさまざまな面に関する研究がなおざりにされているが、生理学と心理学の成果を合わせながら、人間を研究すべきであった。そして、じっくりと考えることによって得られたことと、行動の分析結果から得られるデータの両方を、分けることなく利用すべきであった。どちらのアプローチでも同じ目標に到達するのであるが、一方は人間を内側から、他方は外側から考察しているのであって、どちらかが勝っているということはない。

2 「知的能力」を伸ばすもの、妨げるもの

人間が知能を持っていることは、まぎれもない事実であるが、物事の関係性を識別するこの能力は、人それぞれ異なっている。

知能は適当な手段で測ることはできる。しかし、この測定法は知能のありきたりの面だけを扱うが、知的な価値を正確に知ることはできない。

文明の歴史の中で、重要な時代に生きていた人々の生活様式、食べ物、教育はどのようであったのだろうか？　私たちは、知能がどのように生まれたのかほとんど知らない。それなのに、ただ記憶力を訓練することが中心の学校教育で、子どもたちの精神を発達させ得ると信じ込んでいる。

科学がもたらす「インスピレーション」の力について

科学は人間の知能のみによって誕生したのではない。しかし、知能は科学を作り出す上では欠くことのできない要素であり、逆に科学が知性を強化しているということもある。

科学の進歩により、人間は新しい知的な姿勢、観察と実験、そして論理的な推理による確信を得た。科学から得た確信は、信仰によるものとはまるで異なる。信仰から得た確信のほうがより深遠

であり、議論によって揺らぐことはない。それは透視《クレアボイアンス》とも言える深い洞察によって与えられる確信に似ている。

しかし、奇妙なことのようだが、透視力は全く科学と関係がないというわけではない。大発見は知能だけの産物ではないことは明らかだ。天才は観察力と理解力があるばかりでなく、直観力とか創造的な想像力のような資質をも備えている。この直観力によって、他の人々が気づかない現象と現象の間の関係を見抜いて、無意識のうちに物事の関係性を感じとるのである。

偉大な人物はすべて直観力に恵まれている。彼らは分析や理屈なしに、何を知ることが自分にとって重要かが分かる。有能な指導者は、部下を選ぶのに心理テストや身元証明などは必要としない。優秀な裁判官は法律上の議論を細かくせずとも公正な判決を下すことができる。そして、偉大な科学者は、直観によって発見への道をたどるのだ。こういった現象は、インスピレーションと呼ばれてきた。

科学者には、論理的なタイプと直観的なタイプが存在する。科学の進歩は、この両方のタイプの精神に依存している。数学は純粋に論理的な構造をしているが、直観力も利用する。数学者の中には直観型と論理型、分析型と幾何学型があり、直観による発見は、常に論理によって発展させられた。

科学研究と同じように、日常生活においても、知識を得る手段として直観は重視されているが、それは危険なことでもある。なぜなら時に、ほとんど空想と区別がつかなくなることがあるからである。直観に偏りすぎると、日常生活は危うくなる。

直観はいつも信頼がおけるというものではないが、人によっては直観によって知的・精神的生活の質を高めることができる、本当に不思議な能力である。

また直観は、パッと見て素早く推論を下すのに似ている。名医が患者の状態に関して持つ知識というのは、こういう性質のものである。一目で相手の価値を評価し、長所や欠点が分かる場合にも、直観力が使われている。

しかし、観察や推理とは全く関係なく起こる直観もある。どうやって目標に達したらよいか分からないとき、またその目標がどこにあるのかさえ分からないとき、この直観によって導かれることがあるかもしれない。この型の知識は、洞察力やリシェ（シャルル・ロベール・リシェ、一八五〇－一九三五。フランスの生理学者）が言う第六感に非常によく似ている。

透視・テレパシーをどう捉えるか

透視《クレアボイアンス》とテレパシーは科学的に重要な観察対象である。

こういう能力を持つ人は、実際に見たり、聞いたりしなくとも、相手がひそかに考えていることを把握できる。また、時間的、空間的に離れていても、さまざまな出来事を感じとれる。こういう能力はきわめて稀で、ほんの一部の人にしかない。

しかし、少しだけこの能力が備わった人がいて、これといった努力もせず、自然に使っている。こういう人には、ごく普通に透視の現象が現れ、見聞きして得た知識より確かなことが多いのである。相手の顔の表情を読むよりずっと簡単に、透視によって相手の考えを読み取る。

だが、感じるとか見るとかいう言葉では、この現象を正確に表してはいない。そういう能力のある人は見ることも考えることもしない。ただ知っているのだ。心を読むことは、科学的、美的、宗教的なインスピレーション、そしてテレパシーの双方に同時に関連しているように思える。

テレパシーは死にそうなときや、大きな危機に直面したときに起こることがある。死に瀕している人や事故の犠牲者が、肉親や友人のところに現れるのだが、それは姿だけで、たいてい話をしない。しかし、時に口を開いて自分の死を告げることもある。透視はまた、遠く離れたところにいる人や風景を感じとり、細かく正確に描写することができる。テレパシーにはいろいろなかたちがあって、透視はできなくとも、一生に一度か二度はテレパシーを体験したことのある人は稀ではない。


こうして外部の世界の知識が、直接に見聞きしなくとも人間に伝わり得るのかもしれない。たとえ遠くに離れていても、ある人からある人へと思いが伝わることはある。

身体を超えたものを対象とする新しい科学に属するこれらの事実は、あるがままに受け入れなくてはならない。それは、現実に存在しているものなのである。そこには、人間のほとんど知られていない面、ある種の人間だけに見られる神秘的な鋭さが現れているのであろう。

訓練された知性とテレパシーの能力を併せ持っていれば、どんなに素晴らしい洞察が生まれることであろう！　事実、人間は知性によって物質の世界を理解し、制御しているのであるが、その知性は単純なものではなく、まだそのほんの一面しか知られていない。

学校で鍛えられるのは知力である。しかしそれは、理性、判断、自発的な注意力、直観力、そしておそらくは透視までも含む人間活動の中の、ほんのわずかなものにすぎないのだ。とはいえ、人間はこの力によって現実を把握し、環境や人間、さらに自分自身を理解するのである。

3 道徳の本質について

知的な活動は、その他の意識活動と区別できる場合もあれば、そうできない場合もある。というのは、知的活動も、その他の意識活動と一つになっているからである。

知的活動は私たちの生存の一つの様式であり、私たちが変わるのと同じように変化する。その変化のさまは、空を流れる雲のさまざまな形が映っている大海原の波のうねりにも似ている。

知性は、絶えず移り変わる、人間の悲しみや喜び、愛や憎しみのような、情緒というスクリーンの上に、その映像を映し出す。自分の中にある知的な面を研究するには、知的な活動なるものを、本来は分けることのできない人間全体から切り離す。

考え、観察し、判断する人間が、同時に幸福であったり不幸であったり、心が乱れたり平穏であったり、欲望や嫌悪や願望によって気が滅入ったり興奮したりしているのである。そこで、知的な活動をしている間は、意識の背後にある情緒面と心理面の状態によって世界は違って見えてくる。

愛、憎しみ、怒り、恐れといった感情が、冷静な論理的思考さえをも混乱させるのは誰でも知っている。こういう情緒的な感情が起こるには、体内の化学物質の交換に特定の変化が現れねばならない。感情的なインパクトが激しいほど、この化学的交換も強くなる。

それに反して、新陳代謝は知的活動によって影響を受けないということも知られている。情緒的機能は生理的機能と密接な関係があり、それが人間の気質である。気質は個人によって、また民族ごとにも異なる。気質は精神的、生理的、構造的特性が混ざったものであり、まさに人間そのものである。心が狭いのも、とりたてて優れたところがないのも、逆に優れているのも、この気質次第である。

ある国で、また、ある社会的集団の中で、人間の気質が弱くなるというのはどんな要因によるのであろうか？　社会が豊かになり、教育が普及して、食べ物に不自由がなくなると気性の激しさは失われていくように見える。それと同時に、感情的機能は知性から分かれて、そのある部分だけが不当に誇張されるということが観察されている。

現代文明によってもたらされた生活様式、教育システム、食料の変化は、おそらく人間に家畜のような性質を与えたり、感情的な衝動をバランスよく発達させない傾向があるように見える。

「至高の道徳観念」は意志と知性によってもたらされる

道徳的に活動することとは、行動の規則を自分に課したり、いくつかのとるべき方法の中からよいと思うものを選んだり、自分の我儘《わがまま》や悪意を抑えられる人間の能力のことを言う。

それは人間に、責任や義務という観念を起こさせる。この感覚は、少数の人の間でしか見られない。たいてい目に見えるものではないが、存在するという事実は否定できない。もしソクラテス（紀元前四七〇－前三九九。古代ギリシアの哲学者でプラトンの師）に道徳観念がなかったら、無実の罪を着せられても判決を受け入れ、毒をあおって死ぬようなことはなかったであろう。

今日、道徳観念が高度に発達したように見える国や社会集団がある。道徳観念自体はいつの時代にもあった。歴史の中で、それは根本的に重要なことであった。それは知性と美的観念、宗教的観念の双方に関係がある。

それにより、善悪が区別でき、悪より善を選ぶことができる。高度に文明の進んだ社会では、人の意志と知性は一つであり、同じ機能を持っている。道徳的価値の高いものはすべて、人に意志と知性によってもたらされる。

道徳観念は知的活動と同じく、身体の構造と機能に密接な関係がある。つまり、身体の組織と精神の構造が関係し、成長の過程で大きな影響を受ける。

ショウペンハウエル（アルトゥール・ショウペンハウエル、一七八八－一八六〇。ドイツの哲学者）はコペンハーゲンの王立科学学士院に提出した『論理学の基礎』と題する論文の中で、道徳は人間の本性に基づくという意見を表明している。別の言葉で言えば、人間の性格は生まれつきであるということだ。

以下のような傾向は幼少の頃から現れる。他人の幸福や不幸に全く無関心な、純粋に自己本位の人もいれば、他人の災難や苦しみを見て喜んだり、それればかりか、そうなるように仕向ける意地の悪い人もいる。一方、他人の苦しみを見て、自分も苦しむ人もある。この同情心によって親切と慈悲の心が生まれ、こうした美徳に突き動かされて行動することもある。

他人の苦痛を感じることができるのは、人間だけの重要な特性であり、それによって、生きることの重荷や不幸を軽くしようと努力するのである。

人はある程度、生まれつき善人であったり、普通であったり、悪人であったりする。しかし、知能と同じように、道徳観念も教育、訓練やそして意志の力で発達させられるのである。

知性に力を与える「真の道徳」

善と悪の定義は、人間の理性と経験とに基づいていて、個人の生活や社会に必要なものと関係している。だが何となく恣意的な面もあるので、いずれの時代や地域でも、明確に規定され、すべての人々に共通でなければならない。

善は正義、慈悲、そして美に等しく、悪は利己的で、卑劣、醜さに等しい。現代社会で人の行いの良しあしを倫理的に規定することは、昔ながらのキリスト教道徳に基づいている。しかし、人間が作った徳目は、人間の最も本質的な活動をいくつか無視していて、誰も従わない。これでは、生まれもっての悪徳から身を守る強力な武器にはなり得ない。

精神と身体のバランスをとるには、内なる規則を自分に課すべきである。国家は権力によって国民に法律を押しつけるが、道徳はそうはいかない。人間は誰でも善を選び、悪を退ける必要があることを自覚し、自分の意志で内なる規則を守るべきである。

今日、道徳に基づいて行動する人に出会うことはきわめて稀であるが、そういう人が全くいないわけではない。

道徳的な美しさはきわめて稀で、しかもきわめて印象的な現象である。一度でもそれについて深く思いめぐらした者は、決してその面を忘れることはない。

その美しさは、自然の美や科学の美に比べて、はるかに強い印象を与える。道徳観念の与える神々しさのある人は、一種の不思議な、説明のできない力を持っている。

それは知性の持つ力を大きくし、人々の間に平和をもたらす。道徳的な美しさこそが、科学、美術、宗教的儀式などより、はるかに文明の基礎となるものなのである。

4 人間の「美的」活動について

美的観念は、文明人と同じく、原始的な生活をする人間にも存在する。

知性はなくなっても、美的観念は残る。形の創造、一連の音の創造により、美的感情が呼び起こされるが、これは人間がそもそもそれを要求しているからである。人間は動物、花、木、空、海、山などを見つめるとき、常に喜びを感じる。文明の光がさし始める以前にも、人間は素朴な道具で、木、象牙、石の上に生きものの輪郭を写し出した。

今でも美的感覚が、教育や仕事、そして生活習慣によって鈍らされていないときには、人間はインスピレーションのおもむくままに何かを創り出すことに喜びを感じる。そして、こういう作業に集中することによって、美的感覚が満たされる。

ヨーロッパ、特にフランスではいまだに、料理人、肉屋、石工、木靴職人、木工職人、鍛冶屋、刃物師、機械作業員といった仕事に就きながら、同時に芸術家でもある人がいる。美しい形をした繊細な味のお菓子を作る人、ラード（豚の脂）に家や人や動物を彫刻する人、鉄を用いて荘厳な門を作る人、見事な家具を拵《こしら》える人、石や木に粗けずりの像を彫刻する人、美しい絹や羊毛の布地を織る人たちは、偉大な彫刻家、画家、音楽家、建築家などと同じように、天が与えてくれた創造という楽しみを味わっているのだ。


しかし、大多数の人は産業文明の醜い光景に取り巻かれていて、美的な活動をすることができない。人間が機械に変えられてしまったからである。

労働者は、毎日同じ動作を繰り返しながら一生を送る。一つの部品だけを生産し、決して機械全体は作れない。井戸から水を汲み出すために、一日中ぐるぐる歩き続ける盲目の馬のように、仕事について云々することは許されず、またその必要もない。

産業第一主義は、人間の知的活動そのものを禁じてしまい、人間は楽しみを得ることがなくなった。現代文明は、物質のために精神を犠牲にするという重大な過ちを犯してしまった。この過ちは、誰もそれに反抗しないのと、誰もが大都市や工場に閉じ込められた不健康な生活を受け入れているために、よりいっそう危険である。

たとえ少しでも仕事で美的感覚を味わえる人は、ただ消費の目的で生産している人よりはるかに幸福である。

現在の産業は、労働者の独創性と美的観念を奪っている。現代文明が卑俗で陰鬱なのは、少なくとも部分的には、毎日の生活において美を味わう素朴な楽しみが抑圧されているからである。

美の本質と創造する喜び

美的活動には、美を創り出すことと、美について深く考えることとがある。そこには、全く打算的な考えは含まれていない。創造の喜びに浸ると、意識は自分を離れていく。本当の美に触れた、ありかを発見した者にとって、美は喜びの泉となる。

美はどこにでもある。陶器を作る手、それに飾りをつける手、木を彫刻する手、絹を織る手、大理石を彫る手、人体を開いて治療する手、これらすべてから美は湧き出る。そして外科医の血まみれの手にも、画家や音楽家や詩人と同じように、美は生命を吹き込んでくれる。

ガリレオの計算の中にも、ダンテ（ダンテ・アリギエーリ、一二六五－一三二一。イタリアの詩人、哲学者、政治家）の理想像の中にも、パスツールの実験の中にも、大海原に昇る太陽にも、冬山の嵐の中にも、美は存在する。また、大宇宙や原子の世界の無限の拡がり、よく調和している脳細胞の不思議さ、そして災害や事故の救助活動に命をかける人の犠牲的精神に、美はいっそう鋭く現れる。

美的観念は人間の意識の中にあって、自然に発達するものではない。時と条件によっては、表に現れないこともある。偉大な芸術家やその作品を誇りにしていた国でも、そのまま消えてしまうこともある。

今日のフランスは、過去の荘厳な遺物遺産を軽んじ、その美しい自然さえも破壊している。モン・サン・ミシェル修道院をつくり上げた人々の子孫が、もうその壮麗さを理解できない。ノルマンディーやブルターニュ地方、特にパリ郊外の現代的文化住宅は何とも言えないほど醜いのに、フランス人はそれを嬉々として受け入れているのだ。多くの町や村と同じく、パリも胸の悪くなるような商業主義に汚されている。文明の歴史の中で、美的感覚も、道徳感覚と同じように、発達し、最高潮に達して、衰え、やがて消え失せてしまうのである。

5 宗教活動について

現代人に、神秘的な行動、つまり、宗教的感覚を見出すのは、きわめて稀である。人間の神秘的傾向は、きわめて稀で、道徳的観念よりさらにずっと少ない。それでいて人間の本質的活動の一つである。人間は哲学からよりも、はるかに深く宗教からインスピレーションを受けている。

宗教の力は神秘的活動をどこに置くかで決まる

昔は宗教が、都市における家族生活と社会生活の基盤であった。祖先が建てた大聖堂や寺院は、今なおヨーロッパ各地に残っている。しかし、今日、その意味はほとんど理解されず、多くの現代人にとって、教会は死滅した宗教の博物館でしかない。

ヨーロッパの寺院を訪れる観光客の態度からも、宗教的観念は現代生活からすっかり姿を消したことがはっきり分かる。大部分の宗教は神秘的活動をやめてしまい、その意味すらも忘れ去られてしまっている。教会を堕落させたのは、このような無知によるものであろう。

しかし、宗教の力は神秘的活動をどこに置くかで決まるのであり、そこでこそ、その宗教は絶えず成長するのである。今日なおかなりの人々には、宗教的観念が精神活動に欠くことのできないものとして残っている。そして、教養の高い人々の間に戻りつつある。不思議な話であるが、立派な修道院でも、その小ささのために、禁欲主義や神秘主義を通じて霊的生活に入ることを切望している若者をすべて受け入れることができないと言う。

宗教的活動は道徳的活動と同じく、さまざまな面を持っている。その基本は、現世を超越した力に対する漠然とした憧れ、ある種の祈り、芸術や科学の持つ美よりもっと絶対的な美を求める「美的活動」に似ている。

美を愛する心は神秘主義へとつながり、宗教的儀式はいろいろなかたちの芸術と関わりがある。

歌は、たやすく祈りに変わる。神秘家の追求する美は、芸術家の理想よりさらに豊かで、いっそう説明しにくい。それは形を持たず、どんな言葉でも表現できない。それは目に見える世界の物の中に隠れていて、ほとんどその姿を現さない。そしてそれは、すべての物の源である力の中心、つまり神秘論者が神と呼ぶものに向かっていくことを精神に求めるのである。

禁欲主義の実践について

神秘主義には、きわめて厳しい規律がある。第一に、禁欲の実行である。訓練を受けなければスポーツ選手になれないように、禁欲に対する覚悟がなくては、神秘の領域に足を踏み入れることはできない。

禁欲の修行に入ることは難しい。そのために、あえて神秘への道を進もうという勇気のある人はほとんどいない。このつらくて困難な旅に出ようという者は、財産ばかりか、自分までも捨てなくてはならない。そして長い間、霊的な闇の中で過ごさねばならないかもしれない。

神の恩寵を求め、自分がいかに下劣でそれに値しないものであるかを悔い改めているうちに、しだいに五感が浄化されてくる。これが神秘生活の最初で、暗い段階である。そして、だんだん自分自身から離れ進歩していく。祈りは瞑想になり、明るい悟りの生活へと変わっていく。

しかし、自分の体験を言葉で説明することはできない。自分が感じていることを言葉で表現しようとすると、十字架の聖ヨハネがしたように、時に肉体的な愛について語る言葉を借りるようになってしまう。その心は空間と時間を離れており、言い表せないあるものを把握している。そこで遂に、神と一体になる生命の段階に達するのである。心は神とともにあり、それに従って行動する。

偉大な神秘主義者は、皆同じような生涯を送っている。彼らが自分の経験について語るままを、私たちは受け入れねばならない。自分でも祈りの生活を送ったことのある者だけが、その不思議さを理解できる。

神を追い求めることは、全く個人的な事柄であり、人間があえてなし得る最も大胆不敵な冒険に身を投じることである。英雄と見られるかもしれないし、気がおかしくなったかと思われるかもしれない。

しかし、その神秘体験が真実であるか、偽りであるか、自己暗示や妄想ではないか、あるいは魂がこの世界の次元を超えて旅し、より高い真実を見つけたのか、と問いかけるべきではない。そのような経験に関しては、作業仮説的な概念で満足しなければならない。

神秘主義は、人間の最高の欲求をもかなえてくれるほどすばらしい。内的な力、精神的光明、神の愛、言い表せないほどの心の平和を与えてくれるのである。

宗教的直観は、美的霊感と同じように真実である。人間を超越した美について深く思いをめぐらすことによって、神秘家と詩人は究極的な真理に到達するかもしれないのだ。

6 精神活動の調和について

知性は、他に何も持たない人々にとっては、ほとんど無用のものである。知的なだけでは十分でなく、不幸である。

さまざまな現象を把握する力は、他の活動、たとえば道徳観念、情愛、意志、判断、想像、そして健全な身体がなければ、何の成果も得られない。知性は努力によってのみ活用できるようになる。真の知識を得たいならば、長く、かつ困難な準備過程を経なければならない。それは一種の禁欲状態である。

知性は「内なる神」によって支えられる

集中しなければ、知能からは何も生まれない。規律があってはじめて、知能は真実を追究できるようになる。しかし、真実を追究するには、道徳観念の助けを借りなければならない。

偉大な科学者は、常に深い知的正直さを持っていて、真実の導くまま、どこへでも進んでいく。事実をごまかしたり、たとえ不都合であっても隠したりしない。

真実を見つめたい人は、自分の心の中に平和を確立しなければならない。その心は、静かな湖の水面のようでなくてはならない。しかし精神的活動も、知性の発達に欠くことはできず、それはひたすら情熱に支えられていなくてはならない。

それは、パスツールが「内なる神」と呼んだ、あの情熱である。愛しかつ憎むことのできる人においてのみ、思想は成長する。それには、他の精神的機能ばかりでなく、身体の生理的活動も必要である。知能が最高点に達し、直観と創造的想像力に満ち溢れてもなお、道徳的感情と生理的条件が必要なのである。


情緒的活動、美的活動、神秘的活動を、バランスよく発達させないと、劣った人間、怠惰な夢想家、狭くて不健全な心を持つ人間ができ上がってしまう。今日、知的教育は平等に行われてはいるが、そういうタイプの人に出会うこともある。

しかし、美的・宗教的感覚を豊かにしたり、私心なく、ひたすらさまざまな姿の美を見つめる芸術家、詩人、神秘主義者を生み出すには、高度の教育は必要ない。これは、道徳観念や判断力についてもあてはまる。こういった活動はそれだけで人間を幸福へ導くもので、高い知性を伴う必要はない。それは、身体の生理的機能をも強化するように見える。教育の最高の目標は、道徳観念や判断力を高めることでなくてはならない。

なぜなら、それによって人々は、心の安定が得られるからであり、社会という大建築物にしっかりした土台を築くことができるのである。近代の産業社会の中で生きる人々にとって、道徳観念のほうが知性よりはるかに重大なものなのである。

幸福に必要不可欠な「三つのバランス」

精神の調和がとれていないということが、現代社会に生きる人々の特徴である。

身体的な健康の改善には成功しているが、教育に多額の費用をかけていても、知的活動と道徳的活動をよい方向に伸ばすことには失敗している。知的エリートでさえ、精神的な調和とパワーが欠けている人がいる。

多くの人の精神状態は、水があまり溜まっていない汚れた貯水池にたとえることができよう。きれいな水を満々とたたえている貯水池にたとえることができる人は、ほんのわずかしかない。

知的活動、道徳的活動、身体的活動のバランスがよくとれている人が最も幸福であり、他の人より卓越している。その活動の度合いによって、商人になったり銀行の頭取になったり、医者になったり著名な大学教授になったり、村長になったりアメリカ合衆国の大統領になったりと、その人の社会的地位が決まる。

私たちが努力する目標は、人間を完全に発達させることだが、十分に発達した人々によってのみ、真の文明は打ち立てられるからだ。

また、犯罪者や精神疾患のある者と同じように、人間的に調和はとれていなくても、現代社会に必要な種類の人もいる。それは天才である。天才は、心理活動のある部分が並み外れて発達しているという特色がある。偉大な芸術家、偉大な科学者、偉大な哲学者が、同時に人格的に立派な人間であることはあまりない。概して普通の人間で、ある一面のみが異常に発達しているだけである。天才は、正常な体にできた腫瘍《しゅよう》にたとえられよう。この均衡のとれていない人は、往々にして不幸である。しかし、その強力なインパクトによって社会全体に利益を与える。つまり、その不調和が文明の進歩をもたらす。

人類が、集団の努力によって得たものはかつてない。文明はほんの一握りの並み外れた人々の情熱と知性によって、あるいは科学と博愛と美に対する理想によって、推し進められているのだ。

7 身体活動に大きく影響される「精神活動」

精神的活動は、明らかに生理的活動に依存している。ある意識状態が続くと、それに対応して身体に変化が見られる。逆に、身体機能の特定の状態によって、心理的な現象に影響を及ぼすことがある。

身体と精神から成っている人間は、精神的要因と同じく、身体的要因によっても変化する。人間の体と心は、彫像における材料の大理石とその形状のようなものである。彫像の形を変えるには大理石を削るより他ない。頭脳が心理活動の根源のように考えるのは、そこが傷つけられると、すぐに精神がひどい変調をきたすからである。

細胞の周囲に梅毒が入ると、誇大妄想が起こる。嗜《し》眠性《みんせい》脳炎のウイルスが脳を襲うと、人格に非常な乱れが生じる。血液によって胃から神経細胞に達するアルコールの影響で、精神活動に一時的変調が起こる。出血による血圧の低下によって、あらゆる精神活動は消滅する。つまり、精神活動は大脳の状態と深く関係している。

人間は脳とすべての器官で考える

これだけを観察したところで、脳が唯一の意識の器官であるということは証明できない。

実際に、大脳の中心は神経物質のみでなく体液によっても構成されており、細胞はその体液に浸っていて、その成分は血清によって調整されている。血清は、腺と組織からの分泌物を含んでいるが、その分泌物は体全体に拡がっているのだ。

つまり、身体のすべての器官が、血液とリンパ液の媒介により大脳皮質に存在しているのだ。だから、われわれの精神状態は、脳細胞の構造状態とともに、脳にある体液の化学成分にも結びついているのである。

器官の環境液から副腎の分泌物がなくなると患者は深いうつ状態に陥ってしまい、変温動物のようになる。甲状腺の機能障がいは、神経や精神の興奮、あるいは無気力状態のいずれかを引き起こす。この腺に遺伝的障がいのある家系には、知的障がい者、精神疾患のある者、さらには犯罪者などが見られる。

肝臓、胃、腸の病気が、どんなに人間の性格を変えるかは誰でも知っている。同じように、人体の器官の細胞がある物質を体液に排出し、それがわれわれの心理的・精神的機能に影響を与えることも明らかである。

精神は生殖腺の影響を強く受ける

睾丸は他のどの腺よりも、精神の持つ力と質に対して一番強い影響を与える。総じて、偉大な詩人、芸術家、聖人は、征服者と同じように、性欲が強い。

生殖腺を除去すると、成人であっても、精神状態にある変化をきたす。卵巣を摘出すると、女性は感情の働きが鈍くなり、知的活動や道徳感情の一部が失われる。去勢された男性の性格は、かなり著しく変化する。アベラール（ピエール・アベラール、一〇七九－一一四二。フランスの論理学者、神学者）は、エロイーズ（一〇九〇または一一〇〇－一一六四。フランスの女子修道院長、作家、学者）の情熱的な愛や犠牲から逃げた意気地なしとして歴史に名を残したが、これはおそらく、彼が去勢されていたからであろう。

偉大な芸術家は、ほとんどすべて大恋愛をしている。芸術的なインスピレーションは、生殖腺と密接に関係しているのだろう。愛情は精神を刺激する。もしベアトリーチェ〔編注：ダンテの『神曲』のヒロインで「永遠の淑女」の象徴的存在〕がダンテの愛人であったら、おそらく『神曲』は生まれなかったであろう。偉大な神秘家は、満たされない性的欲求に駆り立てられ、世を棄《す》て犠牲の道に入ったように思われる。

過剰な性活動は知的活動の妨げになるとされている。知能が最高の力を発揮するには、生殖腺が十分に発達していることと、その性的欲求を一時的に抑圧することの両方が必要であるように思われる。

フロイト（ジークムント・フロイト、一八五六－一九三九。オーストリアの精神科医。精神分析学の創始者）は、精神活動には性的衝動が最も重要であると力説しているが、彼の観察は主に病気の人に関してであるため、この結論を正常な人、特に神経組織が強く、自分を抑制できる人までを含めて一般化すべきではなかろう。

身体の弱い人、神経質な人、心身のバランスがとれていない人は、性的欲求が抑圧されるとより不安定になるが、身体的、精神的に強い人はそういう形の禁欲を行うことにより、さらにいっそう強くなる。


精神活動と身体活動は相互に依存しており、精神は脳の中にだけあるとする古典的な考え方とは一致しない。事実、体全体が知的・精神的活動力の源泉であるように見える。思想は大脳皮質ばかりでなく、内分泌腺の生み出したものとも言える。精神が表現されるためには、身体が完全に統一されていなければならない。人間は頭脳と身体の器官すべてを使って、考え、発明し、愛し、悩み、憧れ、祈るのである。

8 精神活動に大きく影響される「身体活動」

さまざまな精神状態は、おそらく身体の器官に対応して現れるのであろう。感情の変化が血管神経に作用し、動脈を収縮させたり膨張させたりすることはよく知られている。そして、それによって、組織や器官の血液循環に変化が起こる。

うれしいときには明るい顔になり、怒ったり、恐怖を感じると青白くなる。人によっては、悪い知らせがあると冠状動脈が痙攣《けいれん》し、心臓が貧血を起こして急死することもある。強い感情が起こると、すべての腺に影響し、分泌物を刺激したり止めたり、その成分を化学的に変えたりする。

お腹がすくと唾液が出てくる。パブロフのイヌは、食べ物が与えられている間にベルを鳴らすことにしていたら、ベルの音を聞いただけで唾液を出すようになった。感情が、体の複雑な機構を活動させるのかもしれない。

ある実験で、ネコに恐怖感を起こさせると副腎の血管が膨張し、副腎はアドレナリンを分泌することが分かった。アドレナリンは血液の圧力を高め、その循環を速くし、体全体を攻撃や防御に備えさせる。

このように、羨望、嫌悪、恐怖などの感情が習慣的になると、身体の器官に変化を来し始め、やがて本当の病気になることもある。道徳的な悩みは、非常に健康を害する。心配事とどう向き合えばよいか分からない実業家は、早死にする。

思想によって、器官に障がいが起こることもある。現代生活の不安定さ、引きも切らぬ興奮、安全が脅かされるかもしれないという恐怖によって精神状態に変化が起こり、そのため胃と腸が過敏になって器官に障がいが起き、栄養が不十分になり、腸の微生物を循環器官に侵入させてしまう。大腸炎と、それに伴う腎臓と膀胱の炎症は、知的な面と道徳的な面のバランスが崩れていることに遠因がある。

こういう病気は、生活がもっと素朴で、刺激も多くはなく、心配も少ない社会階層の人々には、ほとんど見られない。同じ意味で、騒々しい現代都市にあっても、内なる心の平和を保っている人は、神経や器官に損傷を受けないですむ。

目的ある行動は精神・器官に調和をもたらす

生理的活動は、意識しない程度にすべきである。注意をそこに向けると、不都合が起きるものである。精神分析医は、患者の注意を患者自身に集中させることで、病状をさらに悪化させることがある。

はっきりした目標に向かって行動を開始すると、精神的機能と器官的機能は完全に調和してくる。願望をまとめ、一つの目的に向かって精神を集中することは、内なる心に平和を生み出す。人間は行動によるばかりでなく、瞑想によっても心を統一できるのだ。

しかし、大海原や山や雲の美しさ、芸術家や詩人のすばらしい作品、雄大な構想を持つ哲学的思想、自然の法則を表す数理的な公式などを黙想するだけに満足すべきではない。

道徳的理想を達成するために努力し、この世界の闇の中に光を求め、神秘の世界に向かって進み、目に見えない宇宙の根底を把握するために、自己を棄てる気魄を持つ人間でもあらねばならない。

精神活動が統一されると、器官と精神の機能はいっそうよく調和するようになる。道徳観念と知能が同時に発達している人々からなる社会では、精神や栄養上の病気、犯罪、精神疾患などは稀である。そういうグループの中では、個人も幸福である。

しかし、心理的活動がますます限定的になってくると、健康に弊害が現れるかもしれない。道徳、科学、宗教での理想を追求している人は、生理的安全や長寿を求めない。これらの理想のために自分を犠牲にしてよいとさえ思っている。

また、ある種の精神状態は、本当に病理学的変化を起こすように見える。神秘的な力を持つ人々は、少なくとも彼らの一生のある時期に、生理的また精神的な苦悩に耐えて過ごした。

さらに、瞑想はヒステリーや透視に似た精神状態を伴うことがある。聖者の伝記を読むと、恍惚状態や伝心や、遠くの出来事を見ることとや、空中浮揚までもが記されている。目撃者たちの証言によれば、キリスト教徒の中の神秘的な人たちは、この不思議な現象を起こしていて、祈りに夢中になって全く外の世界のことに気づかないうちに、ゆっくり地面から浮上したという。しかし、この驚くべき出来事は、今のところ、科学とは無縁である。

祈りがもたらす精神の高揚について

ある種の精神的活動は、組織と器官に、機能面だけでなく解剖学的な意味での変化をももたらすのかもしれない。器官に起こるこういう現象は、さまざまな状況において観察されているが、その一つに祈りの状態がある。

祈りとは、ただ機械的に決まり文句を朗唱するものでなく、神秘的な高揚、つまり、この世にありながらも超越している一つの原理をじっと想いつつ意識を集中させることであると理解しなければならない。

こういう心理状態は、知的なものではない。哲学者や科学者には不可解であり、近づきがたいものである。しかし純朴な人間は、太陽の暖かさや友人の親切を感じるのと同じように、やすやすと神を感じられるように見える。

身体器官への影響が起こり得るような祈りは、特別な性質のものである。第一に、全く私心がない。自分を神に捧げているのだ。それは、画家の前にあるカンバスのように、彫刻家の前にある大理石のように、彼は神の前に立つ。そして神の恩寵を願うとともに、自分の望みと悩める人々の望みとを明らかにする。

患者が自分のために祈るのではなく、他の人のために祈るという種類の祈りには、完全に自己を放棄することが要求される。つまり、禁欲の高度な形態が要求されるのである。

謙遜的な態度の人、無知な人、貧しい人のほうが、金持ちや知性の高い人よりもこの自己否定に耐え得る。祈りがこのような特性を帯びると、不思議な現象が起こり始めることがある。

それが奇蹟である。

奇蹟は実在する

いつの時代にあっても、世界中の人々は奇蹟の存在、つまり巡礼地や聖地などで、病人が多少とも早く快復することを信じてきた。

しかし、十九世紀における科学の激しい勢いに押され、その後はこれを信じる者はすっかりいなくなってしまった。奇蹟は存在しないというだけでなく、存在するはずがないと思われていた。熱力学の法則により永久運動が不可能とされているのと同じように、生理学の法則も奇蹟を不可能としている。これが、まだ大部分の生理学者と医者の態度である。

だが、過去五十年間の研究成果から考えると、この態度は支持できない。奇蹟による治癒の最も重要な症例が、ルルド〔フランス南西部にある聖地〕の医学事務局によって報告されている。病理学的障がいに対する祈りの影響について、今分かっていることは、腹膜結核、寒性腫瘍、骨炎、化膿した傷、狼瘡《ループス》、癌などのさまざまな病気が、ほとんど即座に治った患者たちを観察したことに基づいているのだ。

治る過程は、一人ひとりほとんど同じである。多くは鋭い痛みがある。そして突然、治ったという感じを持つ。二、三秒か、二、三分か、遅くとも二、三時間以内に、傷は痕を残すのみとなり、病理学的症状は消え、食欲は回復する。時には解剖学的障がいが治る前に、機能的障がいが消えてしまうこともある。

ポット氏病による骨の変形や、癌に罹った腺などは、主な異常が治ったあとも、二、三日、後遺症が残るかもしれない。奇蹟の特徴は、体が回復する過程がきわめて迅速なことである。解剖学的な損傷が治る速度が、普通の場合よりずっと速いことは確かである。

この現象が起こるのに欠かせない条件としては、祈りがあるだけである。しかし、患者自身が祈る必要はないし、宗教的信仰を持つ必要さえない。その病人のまわりの誰かが祈りの状態になるだけで、十分である。

この事実には深い意味がある。それは、心理的な働きと身体的な働きの間には、何か分からないのだが、ある関係が確実に存在することを示している。衛生学者、医者、教育者、社会学者たちは、ほとんど常に精神活動の研究に注意を向けていないが、その研究が客観的にも重要であることを、これらの事実は証明しているのだ。これは、人間が新しい世界を開くものである。

9 社会環境は精神活動にどう作用するか

精神活動は、体液からと同じく、社会環境からも深い影響を受ける。そして生理活動と同じく、訓練によって強化される。生命維持の必要から、器官、骨、筋肉は休みなく働いて、発達する。そして各個人の生活環境によってバランスがとられ、鍛えられていくのだ。

たとえば、アルプスのガイドの身体機能は、ニューヨーク市民よりずっと優れている。それでも、ニューヨーク市民も都会の生活に必要な最低限の筋肉や機能は持っている。

これに反して、精神的活動は自然に発達するものではない。学者の息子でも、知識は父親からは少しも遺伝しない。もし無人島に一人で置き去りにされれば、その子は原始人同然であろう。

精神の力は、教育と先人がつくり上げてきた知的・道徳的・美的・宗教的環境がなければ、外に現れないままである。一人ひとりの精神の力が、どのように、どの程度現れてくるかは、その社会を構成する人々の心理的な状態で決まってくる。社会環境が劣っていれば、知性と道徳観念は発達しないばかりか、悪い環境によって完全に損われるかもしれない。

私たちは、ちょうど細胞が体液に浸っているように、現代の習慣にどっぷり浸っていて、社会による影響に対して無力である。精神の世界よりも身体のほうが、外の世界に対してより抵抗できる。外敵の物理的、化学的な攻撃に対して、体は皮膚および消化器の粘膜、呼吸器の粘膜によって守られている。それに反して、心は全く開いたままである。このように意識は、知的、精神的な環境からの攻撃にさらされている。これらによる影響によって、精神は正常に発達したり、欠陥ができたりする。

知能は努力が育て、道徳・美的感覚は環境がつくる

知能は教育と環境に負うところが非常に大きく、精神の訓練およびその時代と集団の思潮にも依

存している。知能は論理的思考、数学的表現を使う習慣によって、また人文学と自然科学を系統的に研究することによってかたちづくられねばならない。教師は、図書館、研究所、書物などとともに、精神の発達を適切に助ける手段である。

しかし、教師がいなくても、社会環境が悪くても、高い教養を身につけることはできる。書物があれば間に合う。その点、知能教育は比較的やさしい。

だが、道徳的・美的・宗教的活動の形成は非常に難しい。環境は、こういう活動に微妙な影響を与える。数学の授業のように教えるわけにはいかない。

感じることと知ることとは、似て非なる精神状態なのである。

形式的な教育は、知能をつくり上げるだけである。道徳観念、芸術、宗教的感情は、それが身の回りにあって、毎日の生活の一部となっているときに限って習得できる。

知能の発達は訓練と練習によって得られるが、精神的な活動には、それがはっきり根付いている環境が必要なのである。

10 精神の病について

精神は身体ほど強くはない。

事実、精神が錯乱状態にある者は、おびただしい数にのぼっている。統計には出ていないが神経症に罹っている人は、数十万にのぼると推定される。これは、現代人の精神がいかに傷つきやすいか、現代社会にとって精神衛生の問題がいかに重要であるかを示している。精神の病気は大きな脅威である。それは結核、癌、心臓や腎臓の病気よりも、さらにチフス、ペスト、コレラといった感染症よりも、いっそう危険である。新しい生活の習慣は、明らかに人間の精神の健康を増進させてはいない。

精神疾患の本質と身体的原因

現代医学は、ある精神活動をすべての人に持たせようと努力したが、失敗している。医者は、未知の敵から精神を守ることが全くできない。さまざまなタイプの精神疾患とうつ病の症状は、よく分類がなされているが、その原因については全く何も分かっていない。

それが脳の構造的障がいによるものか、血漿の成分の変化によるものか、あるいはこの両方が原因なのか、まだつきとめられていないのである。おそらく、人間の神経的・心理的活動は大脳と内分泌腺の状態、そして精神状態そのものとに同時に関係があるのであろう。腺の機能的障がいが脳の構造的障がいと同じく、不安症と精神疾患の原因の一つかもしれない。

しかし、症状については完全に分かっても、精神疾患の原因そのものの究明についてはあまり進歩はないようだ。器官の病理が生理学に依存しているように、精神の病理は心理学に依存している。生理学は科学であるが、心理学はそうではない。心理学は、自分たちにとってのベルナールやパスツールを待ち望んでいる。心理学はいまだに、外科の場合なら外科医が散髪屋だった頃、科学ならラヴォワジェが出る以前の、錬金術師が活躍した時代の研究レベルにとどまっている。

だからと言って、現代の心理学者とその手法が、科学としては初歩の段階にあると責めるのは公平ではなかろう。遅れている第一の原因は、対象があまりにも複雑だからである。今のところ、神経細胞とその集合体、大脳と精神の作用などという未知の世界の探検を可能にしてくれる技術はないのだ。

たとえば、統合失調の症状と大脳皮質の構造的変化の間の、正確な関係について明らかにすることもまだできていない。これらの病気を解剖学的に研究しても、その本質をよく解明することはできなかった。精神疾患は、おそらく空間的に限定されたことではないのだろう。

ある症状は、時間的に連続して起こるはずの神経の現象にバランスを欠くことか、機能系統を組織している細胞のクロナキシーに変化が起こることによる。梅毒菌、または、嗜眠性脳炎のいまだ解明されていない原因物質によって大脳のある部分に起こった損傷のために、人格にはっきりした変化が起こることも分かっている。

この知識は漠然としており、不確かでまだ未完成である。しかし、精神疾患の本質を完全に理解できるのを待たずして、本当に精神衛生に効果のある医学を発達させることが求められているのである。

精神疾患の遺伝的原因と環境的原因

精神疾患の原因を発見することが、その本質を見極める以上に重要であろう。そういう知識があれば、病気を防ぐことにつながり得る。精神疾患と精神障がいは、おそらく産業文明とそれによる生活様式の変化がもたらした代償にちがいない。

しかし、これらの病気は、各個人が両親から受け継いだ遺伝の一部でもある。病気は神経組織がすでに調和を欠いている人の間に現れている。神経症的で風変わりで、ひどく繊細な人がこれまでに出た家系の中に、精神障がいや精神疾患の患者が突然現れる。しかし、今まで精神疾患には関係のなかった血統からも急に出現することがある。確かに精神障がいの原因には、遺伝要素もある。だから、現代生活が精神状態にどのような作用をもたらしているか、突きとめなくてはならない。

たとえば、純血種のイヌが何代か交配を重ねるうちに、神経質なイヌが増えてくることがある。これらのイヌの中に、精神疾患や精神障がいの人間に非常によく似ているものが見つかる。そして、この現象は特に人工的な状態の中で育てられたイヌに起こる。

すなわち、居心地のよい小屋にすみ、狼と戦ってこれを倒した先祖の牧羊犬とは比較にならないほど贅沢な餌を与えられたイヌに起こる。こういうイヌに課せられた新たな生存状態は、人間と同じく、神経系統を悪い方向へ変える傾向があるようだ。

しかし、この退化のメカニズムについて正確な知識を得るためには、長期にわたる観察が必要である。

知的障がいと精神疾患の発生が増える要因は、きわめて複雑である。早発性痴呆と循環性の精神疾患は、生活が無秩序で落ち着きがなく、食べ物が贅沢すぎたり貧しすぎたりしている社会集団に特に多く現れる。そして遺伝的には神経組織が不安定な場合、道徳訓練が抑圧されている場合、自分勝手、無責任などが当たり前である場合にもよく現れる。

たぶん、これらの要因と精神疾患の発生には何らかの関係があるのだろう。現代の生活習慣には、基本的な欠陥が隠れている。科学技術によって作り出された環境の中では、人間に特有の機能は十分に発達しない。科学文明の中で、人間の個性は次第に崩壊していく傾向にある。

第5章

人生の密度と「内なる時間」

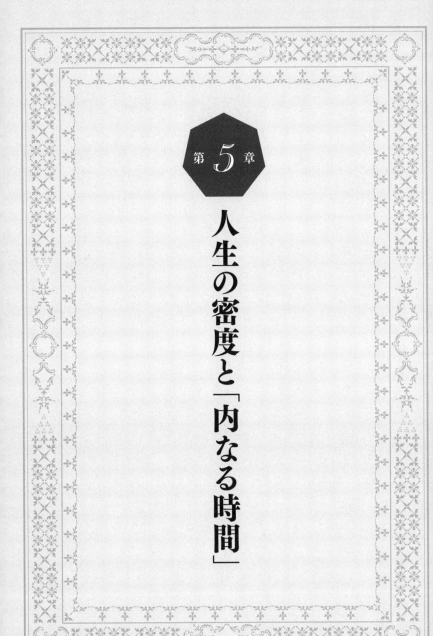

1 「時間」の意味

身体のサイズと同じく、人間の寿命は、測る単位によって異なってくる。人間は、ハツカネズミや蝶に比べれば長く生きると言えるし、ナラ、カシなどの木に比べれば短い。地球の歴史というようなスケールでは、まさに一瞬である。

私たちの寿命を時計で測ったとしよう。すると、約二万五千日（約六十八年）となるが、子どもの一日（一年）も大人の一日（一年）も、同じ一日（一年）であることに変わりはない。しかし実際ののところ、この一日二十四時間は、将来の長い子どもにとってはほんのわずかな時間にすぎない。しかし実際将来が短い大人にとってはずっと大きな意味を持つ。そして、老人にとっての一日は、過去を振り返るとほんのわずかな時間にすぎないが、まだ生まれて間もない乳幼児にとっては、ずっと大きな意味を持つ。このように、時間の意味は、過去を振り返るか、未来を見つめるかによって変わってくるように思われる。

人間が、その寿命を時計にあてはめて考えるのは、物理的連続の中にいるからである。そして時計によって、この連続体の次元の一つが測られる。

地球上では、異なる次元はその特性によって識別される。垂直面の次元は重力の現象によって認められるが、奥行と幅という二つの水平面の次元は区別ができない。もし人間の神経組織に方位磁石の針のような性質があれば、この二つも見分けがつくだろう。

第四次元、つまり時間には、特殊な性格がある。他の三つの次元と異なり、時間は絶え間なく伸び、きわめて長いように見えることだ。水平の次元を移動することは容易である。垂直の次元は重力に逆らうので、階段、エレベーター、飛行機などを使わなければならない。

しかし、時間の中を移動することは、絶対に不可能である。ウエルズ（ハーバート・ジョージ・ウエルズ、一八六六－一九四六。イギリスのSF作家）は、『タイム・マシン』の主人公を、四次元空間を移動させ、未来へと脱出させたが、それを可能にした機械の構造の秘密は漏らしていない。

大宇宙に居住するような抽象的な人間がいたとしたら、時間も空間も大きく違わない。しかし、現実世界の人間にとって、時間と空間は全く異なる別個の存在だ。物理学者にとっても、生物学者にとっても、そして地球上でも、宇宙の他の部分でも、時間は空間から切り離すことはできない。

時間と空間の本質について

時間は、常に空間と結びついている。このことは、すべての物質にあてはまる。

形のあるものの中で、「空間の次元」しか持たないというものはない。岩や木や動物が、瞬間だけ存在するということもない。

心の中では、三次元だけで存在するものを思い描くことはできる。しかし、実際に存在するものはすべて四つの次元を持っている。そして人間は、時間と空間の両方に拡《ひろ》がっている。人間よりも、ずっとスローペースで生きている観察者がいたら、人間はまるで流れ星の尾のような、何か細く長く伸びたものに見えるだろう。

また一方で、人間は、はっきりと定義できないが、別の姿も持っている。というのは、人間は物理的な連続体としてだけ存在しているのではないからである。

思想は、時間と空間の範囲内では定義できない。道徳的、美的、宗教的活動は、物理的な連続体の中だけにあるのではない。さらに、透視によっては非常に遠くに隠れたものでも見通すことができる。

すでに起きたことや、これから先に起こることを感じとる人もいる。そういう人は過去ばかりでなく、未来までも同じように感知できることに注目すべきである。

時にそういう人は、過去と未来を区別できないことがある。たとえば、同じものについて話しているのだが、初めに見たものは未来についてのことで、次に見たものは過去のことなどということには気づきもしない。おそらく、こうした精神の働きは、時間と空間を超えていくことができるように思われる。

時間の性質は、考える対象によって異なる。自然界の中で見ている時間は、時間そのものではない。それは単に、具体的なものの生存の一形態にすぎない。そこで、人間は数学的な時間を作り出す。それは頭の中で組み立てたものであり、抽象物であって、科学的思考のためには不可欠なものである。そして、便宜上、時間を一本の真っすぐな線と捉え、連続している点を、それぞれ瞬間と

5 Chapter

して表す。

ガリレオ以来、こういった抽象的な概念が、それ以前に使われていた事物を直接観察した結果による時間の概念にとって代わっている。中世の哲学者は時間について、抽象概念を具体化してくれるものと見なした。こういう概念は、ガリレオよりもミンコウスキー（ヘルマン・ミンコウスキー、一八六四－一九〇九。ロシア生まれの数学者。特殊相対性理論を幾何学的に扱い、その発展に貢献）の考えによく似ている。

ミンコウスキーやアインシュタインのように、現代の物理学者も、時間を本質的に空間とは全く切り離せないものと見た。

ガリレオは対象物を、根源的な性質だけに、つまり測定できて数学的な処理ができるものに還元して、第二次的性質と時間的性質から分けた。このように勝手に単純化することにより、物理学は発展できたのである。しかし、この単純化を用いて世界、特に生物界に関する概念も略式化したのだが、これは不適当だったと言わざるを得ない。

私たちは、時間をありのままに見る必要がある。そして、無生物にも生物にも、本来の「空間」と「時間」を取り戻さなくてはならない。

具体的・身体的時間について

時間の概念は、宇宙にある物体の寿命を考えるのと同じである。寿命とは、ある個体のさまざまな様相を重ね合わせたものであり、物に備わっている一種の固有な動きである。

地球は自転し、その表面は時に明るくなり、時に暗くなるが、本質的には同じものである。山は雪や雨の浸食によってだんだん形が変わってくるかもしれないが、山そのものは山のままである。木は成長するが、同一のものである。人間も、その生命を構成している身体的、精神的作用の流れ全体を通じて、その個性を保ち続ける。

生物も無生物もすべて、内部の活動と連続する状態と周期から成っており、これはそれぞれ、その個体に特有のものである。このような働きが、それぞれの物体に特有の「内なる時間」である。それは、他のものの動きと比較して測ることができる。こうして、人間の寿命は太陽の動きで測る物理的時間に照らして計測される。

人間は地球上に住んでいるので、そこで見られるすべてのものの空間的、時間的次元を、地球という座標軸にあてはめて考えることが好都合である。高さを測定するのにはメートルを使うが、これは地球の子午線の約四千万分の一である。

同じように、地球の自転、あるいは時計がカチカチ刻む時間の数が、人間の時間的次元や時の流れを測るのに使う基準となっている。人間が、日の出と日の入りの間隔をものさしにして寿命を測り、生活を秩序づけるのに役立てているのは、きわめて自然な現象である。

月も、同じ目的に利用することができる。実際に、潮の干満が激しい海岸に住んでいる漁師にとっては、太陽による時間より、月による時間のほうがもっと重要である。人間の生活リズムや、睡眠や食事のための時間は、潮の干満の周期によって決まる。こういう場合には、人間の寿命は、毎日の海面の高さの変化を基準にして測られる。

つまり時間とは、事物の特別な性質であり、その性質は、その事物を構成しているものによって変わる。人間は、自分たちと他のすべての生物の寿命を、時計で示される時間単位で測るようになったのだが、人間の「内なる時間」はこの外の時間とは性質が異なる独立したものである。それはちょうど人間の体が地球や太陽とは異なる空間にあり、そこから独立しているのと同じである。

2 生まれてから死ぬまで——「内なる時間」の定義

「内なる時間」とは、生まれてから死ぬまでの間に身体とその活動に起こる変化を表したものである。

それは、各人の個性を作っていて絶え間なく続く構造的、体液的、生理的、精神的状態のことを言うものであり、まさに、人間の持つ次元の一つである。

ウエルズが『タイム・マシン』の中で言っているように、人間が八歳の時、あるいは十五歳、十七歳、二十三歳の時の肖像写真は、四つの次元を持つ人間を三次元だけで切り取った切断面、あるいは映像なのであり、元の四次元を持つ人間は固定して不変のものなのである。それぞれの切断面が違うのは、個人の体の中で次々と起こっている変化を表しているからである。それは身体的変化と精神的変化である。そこで内なる時間は、「生理的時間」と「心理的時間」に分けなければならない。

生理的時間と心理的時間の相違について

生理的時間は、人間が生命をうけた時から死ぬまでに起こるすべての身体的変化から成っており、一つの定まった次元である。それはまた一つの運動、観察者の目の前で人間の第四の次元を構成する一連の状態、と見なしてもよい。これらのうちのあるものは周期的で、元の状態に戻る。例として、心臓の鼓動、筋肉の収縮、胃や腸の運動、消化器官の腺からの分泌、月経の現象などがあげられる。また、あるものは進行的で、元には戻らない。たとえば、皮膚の弾力がなくなること、赤血球の増減、組織や動脈の硬化などである。

しかし周期的で元に戻る活動も、一生の間には変わっていく。そして、進行的で元に戻らない変化を受ける。それとともに、組織と体液の構成も変わる。この複合した動きが生理的時間である。「内なる時間」のもう一つの形は、心理的時間である。意識は外界からの刺激による影響を受けて、自己の動き、その一連の状態を記録する。ベルクソンによれば、時間こそが心理的生命の中身そのものであるという。

「存続とは、一瞬が次の一瞬にとって代わることではない……存続とは、過去が未来へと食い込んで引き続き前進し、進むにつれてふくれあがることである……たゆみなく過去の上にさらに過去が積み重なっていく。実際に、過去は自動的に自らを保っている。そしておそらく、過去全体が常に人間についてまわっている……疑いもなく、われわれは過去のほんの一部を用いて思考するのであるが、われわれが熱望したり、意図したり、行動したりするのは、生まれつきの魂の傾向まで含めた過去全体で行うのである」（アンリ・ベルクソン『創造的進化』）

人間は、それ自身が歴史である。そして、年齢というより、その歴史の長さが、内面生活の豊かさを表している。

私たちは漠然と、今日の自分は昨日の自分とは違っていると感じる。歳を取るにつれて、毎日が次第に早く飛び去るように思われてくる。しかしこういう変化は、どれも計測できるほど明確で一定してはいない。

人間の精神の本質的な動きは、分からない。また、知的な活動は長生きしても衰えることはない。脳が病気や老衰で弱ったときにのみ、低下するのである。

内なる時間は、物理的時間の単位で正しく測ることはできない。この時間は、日数や年数を表すのによく使われるが、それは、この単位が地球上の出来事を分類するのに便利だからである。

しかしこれは、人間の本質的な時間を構成している内面の動きの周期については、何の手がかりにもならない。暦の上での年齢は、身体的年齢に対応していないことは明らかである。

思春期は、人によって時期が違う。閉経期も違う。本当の年齢は身体の器官と機能の状態による。

本当の年齢は、周期的変動によって測定されねばならないが、そのリズムは個人によって異なる。
ある人はいつまでも若い。反対に、若いうちから身体が老化していく人もいる。長命な一人のノルウェー人と、短命な一人のエスキモー人とでは、その身体的時間は全く異なる。真の年齢、つまり生理的年齢を測るためには、組織か体液の中に、測定が可能で、しかも全生涯を通じて休みなく続く現象を発見しなければならない。

生理的時間を測定する法

人間は四次元の世界では、一連の形態が互いに連続し、混じり合うことによってできている。初めは卵子であり、胎児、幼児、青年、成人、そして成熟して老人になる。これらさまざまの形態学的な様相は、化学的、身体的、心理的に起こる種々の出来事の現れである。この変化の多くは、測定できない。

測定できるのは、一生のうちである期間だけにしか起こらないものである。しかし、生理的存続の期間全体の長さは、私たち個々の四次元の全長と同じである。幼児期から青年期にかけて成長速度が遅くなること、思春期と閉経期の現象、基礎代謝作用の減退、髪が白くなることなどは、人間が存続する中でのさまざまな段階の現れである。組織が成長する比率も年齢とともに下がる。この成長活動は、組織の一片を体から切除し、フラスコの中で培養すれば、だいたいの見当はつけられる。

しかし、身体そのものの年齢は、こうして得た知識では測ることは難しい。生理的な一生のうちのある期間に、実際にはある器官は活発に成長し、あるものはそれほどではないということが起きる。それぞれの器官のリズムは異なり、それはまた体全体のリズムとも違っている。

しかし、ある現象はその身体の一般的な変化を表している。たとえば、皮膚の表面の傷が治る速さは、患者の年齢に応じて異なる。この進行状態が、デュ・ヌイ（ピエール・ルコント・デュ・ヌイ、一八八三－一九四七。フランスの生物学者）の作り出した方程式で測定できることはよく知られている。傷の表面積と傷ができてからの時間から導き出される指数をその方程式に導入すると、期間を数日おいて傷を二度測ることにより、治癒の進行状態を予測できる。

傷口が小さく患者が若いほど、指数も大きい。デュ・ヌイはこの指数を用いて、特定の年齢に特徴的な再生機能を表す定数を見出した。この定数は、傷の表面積の平方根による指数によってできたものに等しい。その変化を示す曲線は、二十歳の患者は四十歳の患者の二倍の速さで治癒することを示している。これらの方程式によって、人間の生理的年齢は傷の治癒率から推定することができる。

こうして得られた情報は、十歳から四十五歳くらいまでにはきわめて正確にあてはまる。しかし四十五歳を過ぎると、この指数の変化はあまりにも小さくなりすぎて、その意味を失ってしまう。

血漿《けっしょう》による「成長指数」

血漿《けっしょう》だけは、一生を通じて体全体の老化の進行状態を継続的に示している。血漿には、組織と器官全体からの分泌物が含まれていることはよく知られている。血漿と組織は閉鎖系的な関係にあり、組織にどんな変化が起こっても血漿に反応が起こるし、またその逆も起こる。

一生の間、この状態は絶えず変化していて、化学的分析と生理的反応の両面から探知することができる変化もある。歳を取った動物の血漿または漿液《しょうえき》では、細胞の成長を抑制する効果が増大していることが発見されている。漿液中に生きている一つの細胞集団の面積と、塩類溶液中に培養されている同様な細胞集団の面積との比率を「成長指数」と呼び、その漿液の持ち主である動物が歳を取っているほど、この指数は小さい。こうして、生理的時間の周期変化も測定できる。

生まれて間もなくは、漿液は塩類溶液と同じく、細胞集団の成長を抑制しない。この時には、指数値は一に近づく。動物が歳を取るにつれ、その漿液は細胞の増加をもっと効果的に抑制し、指数は小さくなってくる。晩年においては、ほとんどゼロになる。

この方法は不完全ではあるが、成長が早い人生の初期の頃には、生理的な時間の周期活動について、ある程度確かな知識を与えてくれる。しかし、成熟の最終段階になってほとんど成長しなくなると、これでは全く不十分である。

成長指数の変化によって、イヌの生理的時間は十の単位に分けることができる。そしてイヌの寿命は、年数の代わりに、この単位でだいたい表すことができよう。

こうすれば、生理的時間を物理的時間と比較できるようになる。両者のリズムは非常に異なっているように見える。暦の上の年齢を横軸として関数曲線にすると、この指数値の低下を示す曲線は、最初の一年の間に急激に落ち込み、二年目と三年目には、そのカーブはだんだん緩やかになる。そして成熟した年代になると、直線になり、老年期は水平線状をなす。
成長の進行は、生命の終わり頃に較べると、初めのうちは非常に早いということは明白である。
物理的時間で幼児期と老年期を表すと、幼児期は非常に短く、老年期は大変長く見える。これに反して、生理的時間の単位で測ると、幼児期が非常に長く、老年期がきわめて短くなる。

3 生理的時間の特徴について

生理的時間が物理的時間と全く異なることは、前にも述べたとおりである。もし時計の動きが速くなったり遅くなったりしたとしても、また地球がそれに対応して回転の周期を変えたとしても、人間の寿命はそのままで変わらないだろう。ただ、短くなったり、長くなったりするように見えるだけである。

物理的時間に起きる変化は、このようなかたちで明らかになるだろう。人間は物理的時間という流れに押し流されながら、内面におけるリズムによって動き、それが寿命という生理的存続時間を構成している。

人間は、川面《かわも》に浮かんでいる一枚の小さな木の葉のような存在であるばかりではなく、川面に落ちた油が流れに沿って運ばれながら、自分の動きで拡がっていくようなものでもある。外なる物理的時間は人間にとって異質のものであるが、内なる時間こそが人間そのものである。

人間の現在《いま》は、時計の振り子の現在とは違う。それは、消えてしまうことなく、心にも組織にも血液にも、同時に記録される。人間は、一生の間の出来事をすべて、器官や体液や精神にも刻みつけ、それを抱いて生き続けるのである。中世の城、ローマの記念碑のように、人間は歴史の結果である。

各人の個性は、器官や体液や精神に新しい経験を加えるたびに、いっそう豊かになる。人間は決して過去とは切り離せないのだから、思考したり、行動したり、そして病気のたびごとに、はっきりした影響を受ける。病気から完全に快復することもでき、間違った行いも正せるが、その痕跡は永久に残るのだ。

幼児期と老年期では「時間の密度」が大いに異なる

太陽の時間、すなわち物理的時間は一定の速度で流れ、等しい間隔で成り立っている。そのペースは決して変わらない。それに反して、生理的時間は個人によって異なる。

長い生命を享受している民族には速度が遅く、短命の民族には速い。また人の一生でも、その人の年齢によって異なる。同じ一年でも、老年期よりも幼児期のほうが、生理的な面でも精神的な面でも出来事に富む。

こういう出来事のリズムは、初めのうちは急速に減じるが、あとになるに従ってずっと緩やかに減じる。生理的時間の単位に対応する物理的時間の年数は、だんだん長くなる。

つまり、身体は器官の働き全体を総合したものであって、幼児期にはリズムが非常に早いが、青年期にはずっと遅くなり、成熟期、老年期にはきわめて遅くなる。人間は生理的活動が衰え始める時に、精神的には発達のピークに到達するのである。

生理的時間は、時計のように正確ではない。器官の活動には、あるブレがあって、リズムは一定ではない。

そのリズムをグラフで表すと、不規則なものになる。この不規則さは、人間を存続させている生理的現象が継続している途中で、何かが起こるからである。

ある時には、年齢の進行が止まったように見えることがある。また、早くなったように見える時もある。精神力が強化され成長する局面もあれば、その逆の局面もある。

先にも述べたように、内なる時間とその身体的または心理的基盤には、太陽の動きで測る物理的時間の持つような規則正しさはない。楽しい出来事や、生理的機能と心理的機能がよりよく調和することなどで、一種の若返りができよう。おそらく、心理的にも身体的にも健康な状態は、真の若返りの特徴である体液の変化を伴うのであろう。

一方、悩みや、心配や、病気は、器官の衰えを促進する。イヌに殺菌した膿汁を注射すると、老衰の状態を引き起こすことができる。そのイヌは痩せて疲れ、衰えて元気がなくなる。それとともに、血液と組織は老犬に似た生理的反応を示す。しかし、こういった反応は元に戻るし、時間が経てば器官の機能も正常なリズムを回復する。

老人の場合は、年々少しずつ変わっていく。病気がなければ老化の進行はきわめて遅い。それが早くなっているときは、生理的な原因以外のものが関係していないか疑ってみる必要がある。普通、そういう現象は、心配や悲しみ、細菌感染によってできた物質、器官の退行的変質、癌などが原因であることが多い。老衰の進行が早くなるのは、その老人の体に、必ず何か器官の疾患か精神的な悩みがあることを示している。

生理的時間は変えられるのか

物理的時間と同様、生理的時間も元には戻せない。それは存在に必要な種々の機能が逆行できないのと同じである。

高等動物では、寿命は決してその流れの方向を変えない。しかし冬眠する哺乳動物は、一時それが中断する。乾燥した担輪虫《たんりん》の場合は、この寿命の流れが完全に停止する。変温動物の器官活動のリズムは、気温が暖かくなってくると速くなる。

レーブが異常に高い温度で飼ったハエは、非常に早く歳を取って、早く死んでいる。同じようにワニの生理的時間も、周囲の気温が摂氏二〇度から四〇度に上がると変わってくる。この場合、皮膚の再生活動を示す指数も、気温の変化に伴い変わる。

しかし、このような単純な方法では、人間の組織に大きな変化を引き起こすことはできない。生理的時間のリズムを変えるには、いくつかの基本的活動とその相互関係のあり方を変えていく以外に方法はない。寿命の基盤である複数のメカニズムの性格を知らなければ、老衰を遅らせたり、その方向を逆にすることはできないのである。

4 生理的時間の基盤について

体内における組織と環境液の関係は、細胞の培養で示されるような人工的な仕組みに比べて、比較にならないほどはるかに複雑である。器官の環境液となっている血液とリンパ液は、細胞の栄養活動による老廃物によって絶えず変化するが、肺、腎臓、肝臓などにより、その成分は常に一定に保たれる。

しかし、これらの仕組みが規則的に働いても、体液と組織にはきわめてゆっくりではあるが変化が起きてくる。それは、血漿の成長指数と皮膚の再生活動を示す定数の変化によって探知される。そして体液の化学的成分もそれに対応し、断続的に変わってくる。血漿中の蛋白質《たんぱくしつ》が増加し、その性質も変化する。

脂肪は、ある種の細胞に作用して、その増殖の速度を低下させる性質を漿液に与える。この脂肪は一生の間に、量も増加し、性質も変化する。漿液の変化は、器官の環境液の中に脂肪と蛋白質がだんだん蓄積されたり、一種の停留状態になる結果起こるのではない。

人工的環境は生活細胞をどう変化させるか

たとえば、一匹のイヌから血液の大部分を抜き取り、血漿を分離し、生理食塩水で代替するのはきわめて容易である。こうして、血液細胞から血漿の蛋白質と脂肪を取り除き、再び動物に注入すると、二週間経たないうちに血漿は組織によって再生され、その構成成分は元どおりになることが観察される。

これによって、血漿の状態は組織の状態と同じであることが分かる。そしてこの状態は、それぞれの年齢により異なる。漿液が数回取り除かれても、それは常にその動物の年齢に応じた状況で再生される。こうして、老化していく人間の体液の状態は、まるで貯水池のように、器官に含まれるほとんど涸《か》れることがない物質によって定められているように見える。

老化はどのようにして起こるのか

一生の間に、組織は重要な変化をする。まず多くの水分を失う。そして、弾力もなければ伸縮性もない、生命のない物質と連結繊維でいっぱいになる。器官はだんだん硬くなる。動脈も硬化する。循環も鈍ってくる。腺の構成も全く変わってくる。上皮細胞も少しずつその特性を失う。再生はだんだん遅くなり、時には全く再生しなくなる。分泌物も豊かさを失ってくる。

こういう変化のスピードは、器官によって異なる。他の器官より老化の早い器官があるが、その理由はまだ分かっていない。このような部分的老化現象は、動脈、心臓、脳、腎臓、また他のどの器官でも起こっている。

組織の一部分だけが老化するのは危険である。体全体が均等に老化していけば、生命はずっと長く持つ。しかし、もし、心臓と動脈はすでに衰えているのに骨格や筋肉が丈夫であるとすれば、体全体に危険を及ぼす。老化した体の中で異常に活発な器官は、若い体の中の老化した器官と同様に害を及ぼす。

時間の価値が、すべての器官に対して同じではないことは明らかである。この時間的相違が寿命を縮める。もし体のどこかの部分に負担がかかりすぎると、たとえ組織の老化が均等に進んでいる人であっても、老化に拍車がかかる。過労や中毒、そして異常な刺激にさらされている器官は、他の器官より早く老化する。そして、その早い老化現象が人間を死に至らしめるのである。

われわれは物理的時間にしても、生理的時間にしても、それがすべてではないことを知っている。物理的時間は、時計と太陽の動きで測る物理的時間から成り立っているにすぎない。生理的時間は、組織と体液およびその相互関係から成り立っている。

寿命の特性とは、とりもなおさずその生物に固有の構造的、機能的活動の性質ということである。生命の長さは、人間を宇宙の環境から分離独立させ、空間的に移動できるようにしたメカニズムそのものに依存している。そしてまた、わずかばかりの血液と、さらに体液の浄化をつかさどる組織の活動にも依存している。

これらのメカニズムは漿液と組織の変化を防げていない。おそらく血液の流れでは、組織から完全に老廃物を取り除くことができないのであろう。あるいは栄養が不十分なのかもしれない。もし器官の環境液の量がもっと多く、老廃物の除去が完全に行われたなら、人間の寿命は延びるかもしれない。しかしそうなれば、人間の体はずっと大きく柔らかくなって緻密さが減り、大昔の巨大な動物に似てくるであろう。そして、今ある機敏さやスピードや器用さを失ってしまうであろう。

「人格」は物理的、生理的、心理的出来事が器官に与えた刻印

心理的時間は生理的時間と同じように、人間の一つの面を表しているにすぎない。その性格は記憶の性格と同じく、まだ知られていない。記憶は、時間の経過を意識することに関係している。しかし、心理的寿命には他の要素もある。

人格は、一部は記憶から成り立っているが、また生きている間に起きた物理的、化学的、生理的、心理的出来事がすべての器官に与えた刻印にもよるのである。私たちはなんとなく、寿命が続いていることを感じている。そして物理的時間を使って、きわめて大まかにではあるが、寿命を推測することができる。たぶん筋肉や神経の要素が感じているのと同じように、その流れを感じとるのだ。

個々の細胞は、それぞれのやり方で物理的時間を記録している。神経と筋肉に対する時間は、前にも述べたとおり、時値、つまりクロナキシーで表す。

解剖学的要素はすべて、同じクロナキシーを持つことはない。細胞の等時性と異時性は、その機能面に最も重要な役割を果たしている。この組織による時間の測定が、おそらく識閾《しきいき》に到達し、私

5 Chapter

たち自身の奥底で黙々と流れる水のような、はっきり説明のできないものを感じることに関係しているのであろう。

人間の意識状態は、このひそかな流れに乗って漂い、それは広大な川の暗い水面にサーチライトをあてた時のようなものである。私たちは、自分が変わることを、自分が以前の自分と同じではないことを意識する。しかしなお、同じ自分であることも実感しているのだ。

子どもの時のことを――それも自分自身なのであるが――振り返ってみると、その時からの距離はまさに私たちの身体的距離と精神的距離であり、それを空間的次元の一つにたとえる。

この内なる時間の姿については、それが身体的生命のリズムに依存しているとも、していないとも言え、歳を取るにつれ、その動きがだんだん早くなるということ以外は、何も分かっていないのである。

5 人間の寿命について

人間の最大の望みは、永遠に若くあることである。

これまで多くの科学者、そして詐欺師も、同じ夢を追い求め、同じように失敗した。この人間最大の望みを叶える方法を発見した者は誰もいないが、永遠の若さへの願いはますます高まっている。

科学文明は人間の精神世界を破壊したが、物質世界は人間に広く開かれた。そこで、身体と知性の活力をそのまま保たねばならない。若さの力のみが生理的欲求を満足させ、外の世界を征服する力を与えてくれるからである。

しかし私たちは、ある程度は祖先の夢を実現したようだ。現代人は、むかしの人に比べて、ずっと長く、若く見えることを自分のものとしている。

寿命はどこまで延ばせるか

生理的に寿命を延ばすメカニズムについてもっと知れば、長寿の問題は解決される。しかし人間の科学は、まだ初歩の段階でこの点については役に立たない。

そこで、生命が延ばせるかどうか、純粋に経験によって確かめなければならない。どこの国にも百歳以上の人が少しはいるが、これが時間的に可能な人間の限度であろう。しかし、この百歳以上の人をどれだけ観察しても、今のところ何も実際に役立つ結論は引き出せていない。

確かに長寿は遺伝である。しかしまた、発育の条件にも関係がある。長命な家系の子孫が大都市に居住し始めると、一世代か二世代のうちに、長生きする素質をおおむね失ってしまう。

純血種で、先祖の体質がはっきり分かっている動物を研究すると、寿命の長さにどの程度環境が影響しているか分かるだろう。何世代にもわたって兄弟姉妹の間でつがってきたある種類のネズミは、寿命が全く一定している。しかし、もしそのネズミを檻に入れないで、大きな囲いの中で自由な状態で飼育するとずっと早く死んでしまう。また、食べ物からある物質が取り除かれると、やはり寿命は短くなる。反対に、数世代にわたってある食べ物を与え、またある決まった期間断食させると、寿命は長くなる。

生活習慣の単純な変化も、寿命に影響を与えることは明らかである。人間の寿命も似たような方法、あるいは別の方法で、おそらく延ばせるのだろう。

長寿は果たして望ましいか

私たちは長生きをするために、薬物に頼りたいという誘惑を感じるが、決してそういった誘惑に負けてはいけない。

長寿とは、たとえ年齢を重ねても、心身ともに活動的であり、老化を遠ざけているならば望ましいものである。老衰の期間が長くなればなるほど不幸である。

老人が自分で生活ができなくなると、家族にとっても社会にとっても負担になる。もし誰もが百歳まで生きるようになれば、若い世代の人々はそんな重荷を背負いきれなくなる。寿命を長くしようと試みる前に、身体と精神の活動を、死の直前まで保てるような方法を発見しなければならない。

これ以上、病人やどこかが麻痺した患者、虚弱者や精神疾患を持つ者の数を増やさないことが大切である。単純に長寿の人の数だけを増やそうとすることの危うさは改めて言うまでもない。人間が、老年期における知的、道徳的衰えと、長患いを防止できるようになるまで、寿命を延ばすべきではない。

人間は、飽くことなく不滅の生命を求め続けるであろう。しかし、人間の体はいくつかの法則に縛られているから、それを獲得することはできまい。生理的時間の進行を遅らせたり、ある程度逆に戻すことはできるようになるかもしれない。しかし、決して死を克服することはできないだろう。死は、人間が脳と個性を手に入れた代償として支払わねばならないものなのだ。

しかし、いつの日か医学の進歩によって、身体的にも精神的にも病気から解放されれば、老年も決して恐れる必要はないと確信する時がくるだろう。人間の苦悩の大部分は、老いではなく病気にあるのだから。

6 人生の「時間配分」はどのようにして決まるのか

人間は物質世界の一部であるから、生理的時間は一般に物理的時間、つまり時計による時間にあてはめられる。

一般に、人間の一生の期間は、日数と年数で測定される。

幼児期、児童期、青年期は、約十八年間続く。成熟期と老年期は五十年ないし六十年間続く。このように人間は、成長の期間は短く、完成から衰退の期間は長い。

反対に、物理的時間が生理的時間にあてはめられて、時計による時間を人間の寿命に換算して表すこともできる。しかしそうすると、不思議な現象が起こる。

物理的時間は、均一性を失ってしまうのだ。

生理的な時間の単位で測ると、一年の長さはさまざまに変わってしまう。個人によっても違うし、一生の間のどこを測るかによっても異なってくる。

なぜ「成人期の一日」は「子ども時代の一日」より短いのか

人は、一生の間に起こる物理的時間の価値の変化を、かなりはっきり感じている。

たとえば、子ども時代の一日は非常に長く思われるが、成人期の一日は驚くほど早く過ぎていく。

無意識に、物理的時間を人間の寿命の枠組みで捉えるために、こういう感覚になるのだろう。


そこでは当然、物理的時間は寿命に対して逆変して見える。

人間の体内リズムは、歳を取るにつれてだんだん遅くなる。それに対して物理的な時間はつねに一定の速度で流れていく。それは平野を通って流れる大河のようなものである。

人生の明け方には、人は河岸に沿って元気よく走っている。しかもそのスピードは流れより速い。

昼近くなると、速度が落ちてくる。そして流れと同じ速さで歩くようになる。

夜になると、人は疲れている。流れは速さを増したように感じられ、人ははるか後方にとり残される。

そして遂に立ち止まり、永久に横たわる。それでも川の水は容赦なく流れ続けている。

実際には、川は全く流れの速さを変えてはいない。人間の速度がだんだん遅くなるので、川の流れが速度を増したかのような錯覚を抱くのである。

人生の初めの頃は一日が長く思われ、終わりの頃に短く感じられるのは、たぶんあの周知の事実、つまり子どもと老人では、過去に対して占める一年の割合が全く異なることによるのだろう。あるいは、人間の意識が自分の時間、すなわち自分の生理的活動が遅くなっていくのを漠然と感じるというほうが、妥当かもしれない。それはつまり、私たち一人ひとりが河岸に沿って走りながら、物理的時間という、流れいく水を眺めているということである。

つねに知的・精神的冒険に挑むこと

子ども時代の一日の価値はとても大きい。

教育のためには、少しの時間も惜しんではいけない。人生のこの時期を無駄にすると、取り返しがつかない。植物や小動物のように自然のままに育つのを許すのではなく、子どもには教育を施すべきである。

しかしこの訓練には、生理学と心理学の深い知識が必要であり、現代の教育者はまだその知識を備えていない。

一方、成熟期から老年期に差し掛かると、人は衰えつつあり、そこにはほとんど生理的意義はない。身体的、精神的変化はほとんどないから、人為的な活動でその空虚を埋めねばならない。

歳を取っても、仕事をやめたり、隠退したりしてはいけない。活動し続けないと、ますます時間の内容が空疎になっていくからである。

老人にとって、暇な時間というものは危険である。力が衰えかけている者には、適当な仕事が与

5 Chapter

えられるべきである。決して休息を与えるべきではない。

またこういう時期には、生理的活動を刺激してはいけない。さまざまな心理的出来事によって、体力の衰えをカバーするのが望ましい。

もし毎日が知的、精神的冒険に満ちているならば、時間は決して早く過ぎ去ることはない。若い頃のように、充実した時間が戻ってくることさえあるのだ。

7 個人と社会の「内なる時間」について

彫像が大理石と切り離せないように、人間と寿命は切り離せない。人間は世の中のことを、すべて自分に結びつけて考える。自分の生命の長さを時間の単位として、地球や人類や文明の寿命や自分の仕事の長さを推測する。

しかし、個人と国家は時間的に同じ尺度で測るべきではない。社会的な問題は、個人の問題と同じ見方をすべきではない。それは時間をかけてゆっくり展開する。

一人の人間が自分の目で見たり、経験できることは常に短すぎるため、ほとんど意味がない。ある集団に起こった物質的、精神的変化の結果が、百年やそこらで明らかになることはほとんどない。

個人の寿命と文明の寿命

しかし、生物学上の大きな問題を研究する人は、個々の研究者に限られている。その研究者たちが死んだ後、その研究はストップしてしまう。それと同じように、科学的機関と政治的機関も個人の寿命の見地から考えられよう。ローマ・カトリック教会だけが、人間の歩みは非常に遅いので、一世代の経過だけでは世界の歴史にとっては意義がないということに気がついている。人類の進化の中では、人の一生は時間を測る単位として不十分である。

科学文明の出現によって、基本的な問題をすべて新たに検討する必要が起こった。人間は今、自分自身の道徳的、知的、社会的失敗を目のあたりにしている。そして、無知な人々の弱々しい、目先のことだけの努力によって、民主主義諸国が生き延びるであろうなどという妄想を抱いて生きている。しかし、それが衰えかけてきたことに気づき始めた。

国家の将来に関わる諸問題は、ぜひ解決せねばならない。遠い先の未来に備えること、若い世代を別の理想によって育てていくことは、今や非常に重要な課題である。

自分たちの寿命をベースに時間を見積もっている人間が運営する国家の政府は、混乱と失敗に陥ることは疑う余地がない。人間は自分の寿命を超越して、時間的視野を拡げなければならない。

「内なる時間」によって自分の人生を律する

これに反して、一時的な集団や組織、たとえば学校のクラスや労働者のグループなどは、個人の時間だけを考慮すべきである。一つのグループのメンバーは、同じリズムで働くべきである。クラスの子どもたちの活動内容は同じ標準でなくてはならない。

工場や銀行、商店、大学で働く者は、仕事に時間の制限があるが、年齢や病気で能力が衰えた者は、全体の進歩を妨げてしまう。

人間はこれまで、暦の上の年齢によって分けられてきた。同じクラスには同じ年齢の子どもがいる。停年退職の日も、働いている人の年齢によって定められている。

しかし、各個人のコンディションは、暦の上の年齢とは関係ないことは分かっている。ある種の職業では、従事者は実年齢ではなく、心理的年齢によって分けられるべきなのだ。

とは言っても、いつから老齢年金を与えるべきか確たる方法はない。また、特定の個人の肉体と精神の衰えの度合を測る、一般的な方法もない。だが、飛行機のパイロットの状態を正確に計測できる生理テストは開発されている。パイロットは暦の年齢でなく、生理的年齢によって引退する。

老人と若者は、空間的には同じところにいても、時間的には異なった世界に生きている。お互いに厳然と年齢によって分けられている。母親は、決して自分の娘と姉妹になることはできない。子どもが両親を理解することは不可能であり、祖父母を理解するのはなおさらである。

四つの連続した世代に属する人々はそれぞれ、明らかに全く異質である。老人とその曾孫《ひまご》は外国人同士といってもよい。二つの世代を隔てる時間的距離が短いほど、歳上の者が若い者に与える道徳的影響が大きくなる。

したがって女性は若いうちに母親になるべきである。そうすれば、時間的断絶のせいで、子どもと心が離れてしまい、愛をもってさえも埋めることができないということはないであろう。

8 人間の身体と精神が変化するとき

生理的時間という視点から、人間に対して働きかける場合のいくつかの法則が導き出される。身体と精神の発達は、固定されたものではない。人間は活動しているものであり、自分自身という枠の中に模様を積み重ねていくようなものであるから、意志の力である程度変えることができる。人間は閉ざされた世界ではあるが、その外面と内面の境界は、多くの物理的、科学的、心理的要因に対して開かれている。そしてこれらが原因となって、人間の身体と精神が変化する。

身体と精神の変化について人間が関与する時期と方法とリズムは、生理的時間に従うべきである。私たちの時間的次元は、その機能が最も活発に働く子ども時代に主として拡がっている。この頃は、身体も精神も柔軟であり、その形成を助けることができる。身体に関して毎日たくさんの変化が起こるにつれ、成長していく体は、その影響が当然永久に残ると思われるような、形の上の変化を受けることもある。

ある方法で体が成長していくことについては、寿命の本質と、時間的次元の構造を考慮しなければならない。

人間は粘着性のある液体のようなもので、流れているうちに形ができてくる。流れの方向を急に変えることはできない。人間の精神的形態や構造的形態を、金鎚《かなづち》で叩くことによって大理石の彫像をかたちづくるような、荒っぽいやり方で変えようとしてはいけないのだ。

組織によい効果を与えるような変化を突然起こすことができるのは、外科手術だけである。その場合でさえ、手術のメスの仕事は早くても、快復には長くかかる。体全体の深い変化は、急激には得られないのである。

人間の行動は、内なる時間の基盤である生理的活動の周期に従い、それとよく調和して行われねばならない。たとえば子どもに、一度に大量のビタミン剤を与えても効果はない。しかしこれを毎日少量ずつ、数カ月にわたって与えるならば、骨格の大きさと形態を変えることができる。

これと同じように、精神的な面も少しずつしか変化しない。身体と精神の形成にあたって私たちが関与することが許され、最大の効果を得られるのは、それが人類存続の法則に適合している場合のみである。

すべての人間は固体になっていく液体

子どもは、川底の状態によって流れを変える小川のようなものである。小川は形を変えても、その本質は変わらない。湖になるかもしれないし、激流になるかもしれない。

環境の与える影響によって、個性は拡散して薄っぺらくなるかもしれないし、集中して強い力を得るかもしれない。

個人が成長するためには、絶えず自分自身を律することが必要である。

人間は生まれた時には、巨大な潜在能力を与えられている。祖先から受け継いだ素質の他には、発達を妨げるものは何もなく、その遺伝的素質の限界も拡げることができるのである。

しかし、一瞬一瞬ごとに選択をしなければならない。そして選択のたびに、潜在能力の一つを永遠に捨てていく。開かれたいくつかの人生の旅の道の中から、他の道を全部捨てて一つの道だけを選ばなくてはならない。こうして、もし他の道を旅したら見られるかもしれない国を見る機会が奪われることになる。

幼児の時には、いろいろな可能性を持っているが、大人になる過程で一つずつ失っていく。そして老いてくると、私たちは別の自分だったかもしれないもの、すなわち、途中で失ったままの潜在能力に取り囲まれていることになる。

すべての人間は、固体になっていく液体であり、だんだん値打ちが下がっていく宝であり、つくられていく過程の歴史であり、形成されつつある個性である。

私たちが進歩するのも衰退するのも、物理的、科学的、生理的要因と、ウイルス、バクテリアと、心理的影響、そして最終的には自分自身の意志によるのである。

人間は常に、環境と自分自身によってつくられている。生命の存続とは、まさに身体生活と精神生活の素材そのものである。というのは、生命の存続とは「絶対的に新しいものを発明し、形態を創造し、それを絶えず入念に仕上げていくこと」を意味するからである（出典：アンリ・ベルクソン『創造的進化』）。

第6章

変化と適応の構造

1 人間の生存に欠かせない適応力

人間の体はじょうぶで長もちだが、体を構成する要素は絶え間なく合成や化学反応を繰り返すという性質がある。

人間は、変化しやすい物質によってできていて、それは、二、三時間もすれば分解してしまう。しかし、人間は鋼鉄でできたものよりも長くもつ。しかも、絶えず外界の困難と危険を克服しながら存続する。そして他の動物よりはるかに上手に、環境の変化に適応する。生理的、経済的、社会的な大きな変化に襲われても、生き続ける。

このように人間が耐久力に優れているのは、組織と器官がきわめて独特な活動をするからである。体がなくなるまで使い切る代わりに変化していく。新しい事態に直面しても、それに見合った方法を即座に作り出す。それが、人間が存在するための最善の方法なのである。

内なる時間の基盤である生理作用は、常に人が最も長く生き残れるような方向へと導いてくれる。この不思議な働きで、人間はじょうぶで長生きできるのだ。これが「適応」と呼ばれるものである。

器官の内外で働く基礎機能

生理的活動はすべて、この適応性を備えている。それには無数の形態があり、大きく器官内部と器官外部のものに分けられる。

器官内部の適応は器官の環境液に恒常性を与え、組織と体液の関係を一定に保つ働きをする。これが器官の相互関係を定め、組織を自動的に修復したり、病気を治したりする。

器官外部の適応は人間を、物理的、心理的、経済的世界に適応させる。そして環境が好ましくない条件であっても、生き残れるようにする。

適応機能はこの二つの面で、一生を通じて絶え間なく働き続けている。これが、人間の生存には欠くことのできない基礎となっているのである。

2 体内の適応について

私たちがどんなに悩み、喜び、また世界が大きく変わろうと、人間の器官はその内なるリズムを大きく変えることはほとんどない。

細胞と体液の化学的交換作用は冷静に続き、血液は動脈の中で脈打ち、無数の毛細血管にほぼ一定の速度で流れる。

人間の体の中では、さまざまな現象が規則正しく起こっている。それに比べて、周囲の環境はひどく変化に富んでいる。人間の器官はきわめて安定している。

しかしこの安定は、休息によるものではなく、体全体の絶え間ない活動によるのである。血液の組成を一定に保ち、規則正しく循環させるには、数多くの生理学的作用が必要なのである。組織は、機能系統がすべて集中的に保たれることで安定する。生活が不規則で乱れていればいるほど、組織を安定させるために機能系統が働く。なぜなら、外部の世界との関係が悪いために、内なる世界の細胞や体液の安定が乱されるといったことは、決してあってはならないからである。

血液の量や血圧が大きく変わることはないが、水分量が大きく変化することはある。食後、血液には、消化液で変化した食べ物を腸の粘膜が吸収した液体が入ってくる。消化の過程で、胃、腸、肝臓、脾臓が分泌物を作り出すために、血液は数リットルの水分を失う。また赤痢やコレラなどに罹ると、大量の水分が毛細血管から腸の内腔に流れ込み、血液の量が減る。下剤を与えた場合も、同じように水分が失われる。この血液中の水分の増減は、血液の量を調整している機能によって正確にバランスがとられている。

体液の量・組成は自動的に調整される

こうした機能は体全体に拡がっていて、血圧と血液量を常に一定に保っている。血圧は血液量によるものではなく、血液量と血管との関係による。血管は、水道の給水管とは似ても似つかないほど巧妙にできているものなのだ。

動脈も静脈も、それを包んでいる筋肉にある神経の影響によって収縮したり膨張したりすることで、その太さを変える。さらに、毛細血管の壁は浸透性があって、血液中の水分は、自由に血管に出たり入ったりする。

また、血液中の水分は、腎臓、皮膚、腸の粘膜から漏れ出したり、肺から蒸発したりする。

心臓は、血管系統が絶え間なく調節され、血液の圧力を一定に保っている。血液が大量に右心室に溜まりそうになると、反射作用が右の心耳《しんじ》という場所から起こって、心臓の鼓動を速め、血液は速度を増して心臓から血管へと送り出される。

さらに、漿液は毛細血管の壁を通り抜けて、結合組織や筋肉に滲《し》み込む。こうして血管は、自動的に余分な液体を全部排出する。

もし反対に、血液量が減り、血圧が下がってくると、頸動脈の神経の末端によって、その変化が記録される。この反射作用で血管が収縮し、循環器官の受容力を減じることになり、同時に、組織と胃に含まれている液体が、毛細血管の壁から滲み出す。血液量と血圧がほとんど完全に一定しているのは、このようなメカニズムによるのである。

血液の組成もまた、きわめて安定している。正常な状態では、赤血球、血漿、塩分、蛋白質、脂肪、糖質の量は一定である。実際に組織が必要とする量よりも、多く維持されている。従って、飢えや出血、筋肉疲労のような不測の出来事が起こっても、器官体液の状態に危険なほどの変化は起こらない。

組織は、水分、塩分、脂肪、蛋白質、糖質を十分蓄えている。しかし、酸素はどこにも蓄えられていないため、肺によって、絶えず血中に補給されねばならない。人体は、化学的代謝の活動に応じた量の酸素を必要とし、二酸化炭素を作り出す。しかし、血液中のこれらの気体の濃度は一定に保たれている。

この現象は、物理化学的メカニズムと生理学的メカニズムの双方によるものである。物理化学的なバランスによって、赤血球が肺を通る間に吸収する酸素の量が決まり、酸素は赤血球によって組織へと運ばれる。末梢毛細血管を通る間に、血液は組織が排出する二酸化炭素を吸収する。この酸性によって、酸素とヘモグロビンの親和性が減少する。

そして、赤血球から諸器官の細胞への酸素の浸透が促進される。酸素と二酸化炭素が組織と血液の間で入れ替わるのは、もっぱら漿液のヘモグロビンと蛋白質と塩類の化学的性質によるのである。

血液によって組織へと運ばれる酸素の量は、生理的作用によって調節される。

呼吸筋の活動により、胸部の運動を速くしたり遅くしたりして肺に空気を送り込む量が調節されるが、これは脊髄の上部にある神経細胞の働きによる。

この中枢の活動は、血液中の二酸化炭素の圧力によって、また、体温と、循環系統の中の酸素が過多であるか過小であるかによって調節される。同じような物理化学的、生理学的メカニズムが、血漿中のイオンのアルカリ性を調節し、器官内の環境液は、決して酸性にならない。

組織は絶え間なく、多量の二酸化炭素、乳酸、硫酸などを作り出し、リンパ液の中に放出しているのであるから、この事実はいっそう驚くべきことである。これらの酸は、重炭酸塩と燐酸塩によって、中和されたり、かなり緩和されているので、血漿の反射作用を変えることはない。血漿は多量に酸を受け入れても、酸性を強めることはないが、それでも酸を排出しなければならない。

二酸化炭素は、肺の働きによって体外に出る。その他の酸は、腎臓によって除去される。肺の粘膜による二酸化炭素の排出は、単に物理化学的現象であるが、尿の分泌と胸部と肺の運動には、生理的作用が必要である。物理化学的なバランスによって器官の環境液は一定に保たれているが、最終的には神経系統が自動的にかかわってくることに依存しているのである。

3 人間の内部で行われている「未来のための準備」

人体の種々の器官は、体液と神経によってつながっていて、各器官は他の器官と相互に調整し合う。これは一つの目的があって、機械論者《メカニスト》や生気論者《ヴァイタリスト》が言うように、組織に人間と同じ種類の知性があるとすれば、生理作用はこの目的を達成するために共同して働いているように見える。

人体の内部に目的性が存在するのは否定できない。人体の各部分は、現在と将来にわたって体全体が必要とするものを知っていて、それに従って行動するように思われる。組織にとって時間と空間は、人間が頭で考えるものと同じではない。体は、近くも遠くも、そしてまた、現在も未来も感じとる。

妊娠末期になると、外陰と膣の組織は体液で満たされる。そして柔らかく、よく伸張するようになる。このような一貫した変化によって、数日後に胎児が通ることができる。そして、乳腺は細胞を増加させる。こうやって準備を整えて、生まれてくる子への授乳を待ち受ける。こういった作用は明らかに、すべて未来の出来事のための準備である。

各器官には目的性が働いている

甲状腺は左右に二つに分かれている器官だが、片方が除去されると、もう片方が必要以上に大きくなる。同じように、左右二つある腎臓のうち、一方の腎臓を摘出すると、尿の産出には腎臓が一つあれば十分に間に合うのだが、もう一方の腎臓が大きくなってくる。メルツァが示しているように、人体は、こういった安全のための諸因子を豊富に保持しているのだ。

仮に甲状腺や腎臓に過剰な負担がかかったとしても、この不測の要求を満たすことができるであろう。胎児期全体を通して、組織は未来のために備えている。器官の相互の関係は、時間が異なっても、場所が異なるときと同じように、問題なく維持されている。

しかしこれらを、あの単純な機械論や生気論の概念を使って解釈することはできない。ある目的を目指しているという器官の作用の相互関係は、出血後の血液再生のときにも明らかである。出血すると、最初は、すべての血管が収縮し、残った血液の相対的な量は自動的に増加する。こうして、血液循環を維持するために動脈の圧力を十分に取り戻す。組織と筋肉中の血液は、毛細血管の壁を通って循環系統に浸入する。

患者は非常に喉が渇く。血液は胃に入った液体を吸収し、正常の量に戻る。予備の赤血球が、それを蓄えてあった諸器官から出てきて、最後に、骨髄が赤血球を作り始め、それで血液の再生は完了する。

つまり、体のすべての部分が生理的、物理化学的、構造的に連鎖した現象を起こすのだが、この現象が、出血に対する体全体の適応である。

ある器官、たとえば目などを構成している各部分は、はっきりした目的のもとに連携しているように見える。前にも述べたとおり、網膜を被っている皮膚が透明になって、角膜と水晶体に変容する。この変容は、視覚小嚢が分泌する物質によって起こるものと考えられている。

しかし、この説明では十分ではない。

どうして視覚小嚢が、皮膚を半透明にする物質を分泌するのであろうか？　どんな方法で、未来の網膜は皮膚に、神経の末端に外の世界の映像を映し出すことのできる水晶体を作らせるのであろうか？

虹彩は水晶体の前面で、カメラのレンズのようになり、これが光の強さによって、伸びたり縮んだりする。同時に、網膜の感度も増加したり減少したりする。さらに水晶体の形も、見るものとの距離に合わせて変わる。

これらの相互関係は明白な事実であるが、その理由はよく分かっていない。その現象は目に見えているとおりではないのかもしれない。この現象は基本的に単純なものかもしれず、それが全体として一つであることを、見落としているのかもしれない。

私たちは、一つの全体を部分に分け、こうして分けた部分を相互に合わせてみて、それらの部分が互いに正確に適合することに驚くのである。

人間は物事を、おそらく人為的に個々に区別しているのであろう。器官や体の境界は、人間が考えている場所とは違うのかもしれない。また、異なった器官の相互関係、たとえば陰茎と膣が対応して存在することなども理解していない。精子によって卵子が受胎するというような、同じ生理作用に二人の個人が協力するという関係も分かっていない。

これらの現象は、現在の人間が抱いている個体、有機体、空間、時間などの概念では、理解できないのである。

4 「体の組織」の修復について

皮膚、筋肉、血管、骨などが、打撲や火傷などで負傷すると、体はすぐにその傷を治そうとする。体はその組織の損傷を修復するために、あるものはすぐに、あるものはゆっくりと、まるで一つの流れ作業のような処置を始める。

血液の再生の場合のように、異なるメカニズムが一点に集中して働いて、破壊された組織を再生するという目的を達成する方向に向かう。たとえば、動脈が切断され、多量の出血が起きると、動脈圧が下がり患者は気絶する。出血が減って、傷口に凝血ができ、繊維素《フィブリン》が血管の傷口をふさぐと出血は完全に止まる。それから何日かの間に、白血球と組織細胞は繊維素による凝固体の中に侵入し、徐々に血管の壁を再生する。

同じように、腸にできた小さな傷程度なら自然に治る。傷ついた腸は、最初は動かない。一時的に麻痺し、それによって便が腸の外に漏れるのを防ぐ。同時に、腸の他の部分か腸間膜の表面が傷に近づき癒着するのであるが、腹膜にこういう性質があることはすでに知られている。四、五時間もすれば、傷はふさがる。外科医が針で傷を縫合したとしても、治癒するのは、腹膜の表面が持つ自然の治癒力によるのである。

打撲によって手足が折れると、折れた骨の鋭い先で筋肉や血管が破れる。するとまもなく、繊維素による血液の凝固と骨の筋肉の破片により、折れた骨の端は取り囲まれてしまう。循環はいっそう活発になって、手足は腫《は》れあがる。血液によって、組織の再生に必要な栄養素が、傷ついた場所へ運ばれてくる。骨折の箇所とその周囲で、構造的、機能的作用がすべて修復に向かって集中する。すべての組織が、この共同の仕事を成し遂げるためになくてはならないものになる。

たとえば、骨折の中心部近くの筋肉の一片は軟骨に変わる。すでによく知られているように、軟骨は骨の組織へと変容する。

こうして、骨格は以前と全く同じ性質の物質によって再生される。修復が完了する二、三時間の間に、非常に多くの化学的、神経的、循環的、構造的な現象が起こり、それは連鎖的につらなっている。

事故のとき、出血に加え、骨髄と切り裂かれた筋肉から体液が流れ出すと、再生という生理作用が開始される。

それぞれの現象は、前後でつながっている。潜在的にある性質が細胞内部に現れるのは、組織の中に放出される体液の物理化学的状況と化学的組成に起因するにちがいない。そして、こういった潜在的にある性質が、解剖学的構造に再生の力を与える。

各組織は、いかなる場合でも、器官内の環境液の物理化学的、あるいは化学的変化のすべてに対して、一貫して回復へと導く方向で対応することができるのである。

驚くべき治癒のメカニズム

外傷の場合は傷痕を形成することで適応するのだが、これらの傷は正確に測定できる。その治癒率は、デュ・ヌイの公式によって計算できることは前述のとおりである。

まず、外傷は体にとって望ましいときだけ、傷痕をつくる。皮膚が切り取られて組織が露出したときに、それがバクテリアや空気や、その他のいろいろな刺激要因から完全に保護されていれば、再生は起こらない。そこでは傷は治らずに、初めの状態のままである。そのような状態は、組織が外界の攻撃から、再生された皮膚で守られるのと同じぐらい完全に守られている間は続く。

しかし、血液や少数のバクテリア、あるいは服が傷ついた表面と接触し、刺激が与えられると、直ちに治癒が始まり、傷痕が完全に形成されるまでやむことはない。

皮膚は、平たい細胞である薄い上皮細胞が重なってできていることはよく知られている。この細胞は真皮《しんぴ》の上にある。つまり、多くの細い血管を含む、柔らかくて伸縮性のある結合組織の層の上にある。

皮膚の一部がはがされると、傷の下は脂肪組織と筋肉でできているのが見える。三、四日経つと、その表面は滑らかになり、赤く光ってくる。そして、急に非常な早さで小さくなり始める。この現象は、傷を被っている新しい組織が、一種の収縮を起こすことによる。

同時に皮膚細胞は、赤色をした表面へ、白くよどんだ淵のように拡がり始め、最後にそのすべてを被う。そして最終的な傷痕ができる。

この痕は二種類の組織、つまり傷を埋める結合組織と、傷の端から伸び出して表面を被う上皮細胞の共同作業によるものである。結合組織が傷を収縮させ、上皮組織が傷を最後に被う膜を作る。治癒の過程において、傷がだんだんと小さくなっている様子は、指数曲線によって表される。たとえ上皮組織か結合組織のどちらかに人為的操作を加えても、その曲線は変わらない。修復要素の一つが不足すると、他の要素が増進してそれを補うので、変化しないのである。

この現象が進行するのは、目的があるからである。たとえ再生機能の一つが働かなくても、他のものがそれを補充する。経過は変わっても、結果は同じである。

5 体の適応力と外科技術

治癒のプロセスが分かってきたことで、現代の外科手術が生まれることとなった。もし体に適応力がなかったら、外科医は怪我ひとつ処置できないだろう。

医者は治癒のメカニズムを自分の思うようにはできない。このメカニズムが自然に作用するだけで十分だと思っている。

たとえば、傷や折れた骨が、きちんと治るようにその両端を適切な箇所で合わせるようにする。根が深い膿瘍を切り開くために、感染の起きた骨折を治療するために、帝王切開手術をするために、子宮や胃腸の一部を切除するために、頭頂骨を開いて脳から腫瘍を除去するために、外科医は人体を長く切開して大きな傷を作らなくてはならない。

もし体にその傷を修復する能力がなかったら、外科医がどんなに正確に縫合しても、そんな大きな傷口がちゃんと閉じられるはずがない。外科手術は、こういう現象が存在する事実に基づいており、適応力を利用することを学んだのである。

外科手術の方法は、きわめて独創的で大胆である。その成功はまさに生物学の勝利である。その技術を完全に習得し、その意味を理解し、人間に関する知識を学び、人間の病気の科学を知った者は、まさに神のようになる。

そういった外科医はほとんど患者に危険を与えることなく体を切り開き、器官を調べて損傷を治すという力を持っている。多くの人々に、体力と健康と生きることの喜びを取り戻させる。不治の病に苦しむ人々に対してさえも、多少とも苦しみを少なくしてやることができる。こういう種類の人間は滅多にいないが、技術的、道徳的、科学的教育が進歩すれば、その数を増やすことは容易である。

その成功の理由は簡単である。外科は、正常な治癒の作用を妨げないということを学んだにすぎず、バクテリアが傷に侵入するのを防ぐことに成功した。

傷の治癒は第一に適応機能の優秀さによる

この成功は、適応現象なるものをはっきりと理解したことによる。

患者は感染、痛み、出血ばかりでなく、恐怖、寒さ、麻酔の危険からも守られている。もし、何かの間違いで病気に感染しても、効果的に抑えることができる。将来、治癒のメカニズムがもっとよく分かる時がきたら、おそらくもっと早く病気や傷を治せるようになるだろう。

治癒率は体液の性質によって異なり、特に患者の若さに関係があることはよく知られている。もし若さが、一時的に患者の血液と組織に与えられたら、外科手術後の回復は見違えるものになるだろう。しかし、どんなに設備の優れた病院にいても、砂漠や原始林にいるのと同じように、傷の治癒は何にもまして患者自身の適応能力にかかっているのである。

6 病気とは何か

バクテリアやウイルスが、体の中に侵入すると、直ちにすべての器官の機能がおかしくなる。病気が始まるのだ。

その症状は、組織が環境液の病理的変化に、どのように対応するかにかかっている。たとえば、バクテリアやウイルスに体が反応すると発熱する。体そのものが作り出した有毒物質、栄養の欠乏、種々の腺が不調をきたすことで、適応反応が決まってくる。

病気の要因に対する適応には、二種類ある。一つは体内への侵入物に対抗し、それを破壊しようとするものであり、もう一つは、体が受けた損傷を修復し、バクテリアや組織自体によって作られた毒素物を消滅させるものである。

病気とは、これらの作用の経過に他ならない。体が毒素や外部からの異物と闘っている状態が、とりもなおさず病気なのである。

病気に対する自然の抵抗力

バクテリアやウイルスは、空中であろうと水や食べ物の中であろうと、どこにでも見つかる。皮膚の表面や消化器、呼吸器の粘膜には、いつでもいる。

それでも、多くの人々は病気にならない。ある者は病気に罹り、ある者は免れる。病気に対する抵抗力は、組織と体液の個人的体質によるもので、それによって病気の要因が体に侵入するのを防いだり、あるいは侵入したものを破壊したりする。これが自然の免疫である。

こういった免疫によって、ほとんどの病気に罹らないですむ人もいる。これは人間が望み得る、最も貴重な素質の一つである。

免疫のメカニズムについては、まだよく分かっていない。成長の過程で得たもののほかに、遺伝的な性質にも依存するように思われる。

しかし自然の免疫は、遺伝的体質によってのみ、できるのではない。これは生活様式や栄養によって後天的に獲得することもある。

生活の状態によって、人間にも感染に対する自然の抵抗力が与えられるかどうか確かめねばならない。病気によっては、ワクチンや血清を注射したり、住民の健康診断を繰り返したり、大病院を建設するのは費用もかかる上に、病気を予防し、国民の健康を増進するのにあまり有効な方法とは言えない。

自然な状態のもとで健康でなければならない。自然の抵抗力こそが、医者に頼っていては得られないような、力強さと大胆さを人間に与えてくれる。

ウイルスやバクテリアが体内に侵入したときの免疫について

病気に対する生まれつきの抵抗力以外に、後天的な抵抗力がある。これには、自然のものと人為的なものがある。

ウイルスやバクテリアが体内に侵入した場合、体は、直接、間接にそれを破壊できる物質を作り出して対抗する。

ジフテリア、腸チフス、天然痘、はしかなどに罹った人は、その病気に対して少なくともしばらくの間は再発することのない免疫を得る。この自然の免疫は、体が新しい状態に適応したことを表している。

もし、鶏にウサギの血清を注射すると、二、三日後にその鶏の血清には、ウサギの血清中に、ある沈殿を豊富に起こさせるという特性ができる。こうして、鶏はウサギのアルブミンに対して免疫を得る。

同じように、バクテリアの毒素を動物に注射すると、この動物は抗毒素を作り出す。バクテリアそのものを注射すると、この現象はもっと複雑になる。動物はこのバクテリアによってやむなくある物質を作るが、バクテリアは、それにくっついて滅びてしまう。同時に白血球と組織は、バクテリアを食い尽くす力を得る。病気の要因の影響によって、いろいろな現象が発生するが、それは集中的に働き、侵入したバクテリアを壊滅させる。

これらの作用は、他の生理作用と同じように、単一であり、複雑であり、決定的である、という特性を持つ。

細菌感染に打ち勝つ力

人体の適応反応は、特定の化学物質によって起こる、バクテリアの体内にある、ある種の多糖類《ポリサッカロイド》の物質は、蛋白質と結合すると、細胞と体液に特殊な反応を起こさせる。

バクテリアの多糖質の代わりに、人間の組織も、同様の性質を持つ炭水化物と類脂肪質《リポイド》を作り出す。これらの物質は、外部から侵入した蛋白質や細胞を攻撃する力を体に与える。バクテリアと同じようなやり方で、動物の細胞は他の動物の体内に抗体を作り出させる。そして、最後にその抗体によって細胞自身が滅ぼされてしまう。

こういう理由によって、チンパンジーの睾丸を人間に移植するのは成功しないのである。さらに、このような適応反応が存在することにより、予防注射と血清を治療に使用する方法、つまり人工的な免疫療法が発明されるにいたったのである。

殺したり弱らせたりしたバクテリア、ウイルス、またはバクテリアの毒素を、動物の血液中に注射して大量の抗体を作らせる。こうして、その病気に対する免疫を得た動物の血清は、その病気を患っている患者を治癒させることがある。不足している抗毒、抗バクテリア物質を、患者の血液に供給することで、細菌感染に打ち勝つ力を与えるのである。

7 細菌性疾患と退行性疾患について

自力で、あるいは特定の血清や一般の化学薬品や自然の生薬《しょうやく》の助けを借りて、患者は侵入してくるバクテリアと闘う。やがて、リンパ液と血液は、バクテリアや病原体が排出する老廃物によって変化を起こす。そして、体全体に大きな変化が現れ、発熱、意識障がい、代謝促進などが起こる。たとえば腸チフス、肺炎、敗血症のような危険な感染症では、心臓、肺、肝臓のようなさまざまな器官に障がいが出てくる。すると細胞は、普段は隠れている性質を現し始める。体液をバクテリアにとって有毒なものに変え、器官活動を刺激する。白血球を増加させ、新しい物質を分泌し、組織が必要とするような様相にして、病気の要因や器官の障がい、バクテリアの毒素、その蓄積によって生ずる予測できない状況に対応する。

感染した場所に膿《うみ》を作り、その中に含まれる酵素によって微生物は分解される。この酵素は、生体の組織を溶かす力も持っている。そこで、皮膚を破り、膿瘍《のうよう》の口を開く。こうして膿は体から取り除かれる。

バクテリアが引き起こす症状とは、組織と体液が体の新しい状態に対応し、それに抵抗し、正常な状態に戻ろうとする努力の現れなのである。

動脈硬化、心筋炎、腎炎、糖尿病、癌のような退行性の病気、あるいは栄養の欠陥によって起こる病気にも、体内で同じように適応の機能が働き始める。病気のプロセスは、身体が生存し続けるのに一番適するように変えられる。もし、ある腺の分泌物が不十分であると、他の腺が活動と分泌量を増大し、それを補う。

左の心耳と心室をつなぐ穴を保護している弁が、血液を逆流させるようなことがあると、心臓はその大きさと力を増大する。こうして、大動脈はほぼ正常な量の血液をうまく送り出すのである。

これらの適応現象によって、患者は数年間正常な生活を続けることができる、腎臓に障がいが起こると、動脈圧が上昇し、大量の血液を欠陥のある濾過器《フィルター》を通過させる。

糖尿病の初期の段階では、膵臓によって分泌されるインシュリンの量の低下を、体全体で補おうとする。こういう病気は概して、機能の欠陥に適応しようとする体の変化の現れなのである。

人為的な健康と自然な健康

病気に罹ると、身体はそれまでに経験したことのない状況に遭遇する。それでも、病因を除去し、受けた障がいを修復することで、これらの新しい状況に適応しようとする。もしこういう適応能力がなかったら、生物は絶えずウイルスやバクテリアの攻撃や、器官の組織にある無数の部分の構造的障がいにさらされているので、とても存続することはできまい。個人の生存は、昔は各人の適応力次第であったのである。

現代文明においては、公衆衛生、安全な食べ物と快適な生活、医療施設、医療従事者の助けを借りて、虚弱者もたくさん生きていけるようになった。

しかし、私たちは、この人工的な健康状態を棄《す》て、自然の健康状態を追求すべきであろう。そして、それは、優秀な適応機能と、病気に対する生来の抵抗力によってもたらされるのである。

8 環境の変化にいかにして適応するか

器官の体外適応とは、環境の変化に体の内部の状態が適応することである。

生理的、心理的活動を安定させ、体全体を統合させる機能によって、この適応が起こる。

大気は常に、体温より暖かかったり冷たかったりするのだが、組織を潤している体液と、血管を循環している血液の温度は一定に保たれている。

この現象は、体全体が休みなく働いているおかげである。外気の温度が上がったり、発熱したときのように、代謝がいっそう活発になったりすると、体温は上がる傾向がある。その際、肺循環と呼吸が速くなり、肺胞から気化する水分の量が増加する。その結果、肺の中の血液の温度が下がり、同時に皮下の血管が膨張し、皮膚が赤くなる。血液は急激に皮膚の表面に集まり、外気によって冷やされる。

外気が暑すぎるなら、皮膚の表面は汗で薄く被われる。この汗が蒸発して体温を低下させる。また、中枢神経系統と交感神経も働き始める。そして心臓の鼓動を速め、血管を膨張させ、喉の渇きを起こさせる。

反対に外の気温が下がると、皮膚の血管は収縮し、皮膚は白くなる。血液は、毛細血管の中をゆっくりと流れる。そして内部の器官に逃れ、血液循環と化学代謝を促進する。

こうして、人間は体全体の神経、循環、栄養の変化によって熱と闘うのと同じように、外の暑さや寒さとも闘う。

皮膚と同じようにすべての器官も、暑さ、寒さ、風、太陽、雨などに絶えずさらされながら生きている。もし、一生厳しい気候から逃れて過ごすことができるのなら、人間の体は血液の温度や量やアルカリ濃度を調整する必要はなくなる。

物理的条件は神経・知性にどう影響するか

人間は、外の世界から受ける刺激に順応していく。刺激の強さや弱さによって、感覚器官の末端神経の変化が過剰だったり不十分だったりするが、それでも人間は適応していく。

しかし、過度の光は危険である。原始的な環境においては、人間は本能的に光から身を隠した。日光から体を守るメカニズムはたくさんある。目は、光の強さが増すとまぶたと虹彩の絞りによって保護され、同時に網膜の感度が下がる。皮膚は色素を作って、太陽光線の放射による浸透を防ぐ。この自然の防衛が十分でないと、網膜や皮膚に障がいが起き、内臓や神経系統も不調になる。

神経組織は光線だけでなく、さまざまな刺激を外界から受ける。これらの刺激は時に強く、時に弱い。強さの異なる刺激に適応するために、身体はこの感受性を高めたり低めたりする。網膜が強い光にさらされると、感度を著しく失うことはよく知られている。鼻の粘膜も同じで、少し時間が経つと悪臭も感じられなくなる。大きい音も、もし続いていたり一定のリズムを持っていると、ほとんど気にならなくなる。岩に砕ける波のとどろきも、列車の轟音も眠りを妨げるということはなくなる。

人間は刺激の絶対的な強さそのものではなく、刺激の強度の差によって影響を受けるのである。しかし、神経組織の適応機能は、他の臓器の器官ほどは発達していない。

文明は新しい刺激を作り出し、人間はそれに対して身の守りようがない。人間の体は、大きな都市や工場の騒音や、現代生活のもたらす興奮、心配事、ストレスの多い日常生活に適応しようと努力しているが、無駄である。睡眠不足に馴れることはできない。これによって受ける身体的、精神的変化は、文明人の心身を確実に退化させているのである。

9 環境が人間に押した「刻印」

人間は、血液と循環器、呼吸器、体格、筋肉の組織が変化することによって、高地にも馴化《じゅんか》するようにできている。

気圧が低下すると、赤血球は数を増やし、迅速に新しい環境に適応する。アルプスの山頂に赴いた人間は、二、三週間のうちに、低地と同じように活発に歩き、登り、走るようになる。それとともに、皮膚は大量の色素を作り出し、雪に反射する日光から身を守る。

胸の骨格と筋肉は、きわだって発達する。高地で活動的な生活をするには、筋肉組織にかなりの負担がかかるが、何カ月か経つとそれにも馴れ、体形と姿勢が変わってくる。

呼吸器官と心臓は、高地の環境に適応するようになり、血液の温度を調整する機能も向上する。体は寒さに耐え、天候の厳しさも楽々としのげるようになる。登山家たちが平地に戻ると、血球の数は正常に戻る。しかし、稀薄な大気や寒さの脅威、毎日の山登りのための努力に適応した胸郭、肺、心臓、血管などは、永久にその変化の痕を体にとどめている。激しい筋肉活動による変化も永久に残る。

たとえば、アメリカ西部のカウボーイたちは、これまでにどんな運動選手も得られなかったような、体力と抵抗力と体の動きの柔軟さを持っている。

知的活動においても同じである。長期にわたる激しい精神的努力の痕は永久に残る。今日の教育が到達した機械化された状態では、この種の活動を行うことはほとんど不可能である。こういった知的訓練は、熱烈な理想と知識欲に燃えている、パスツールの最初の弟子たちのような小さいグループでなくては実行できない。ウェルチがジョンズ・ホプキンズ大学で教え始めた頃、彼のまわりに集まった若者たちは、その指導のもとに始められた知的訓練によって、一生を通じて知力を高め、偉くなっていった。

人間には生まれつきの「適応力」がある

環境に適応する身体的、精神的活動のうちで、もっと微妙であまり人に知られていない面がもう一つある。

それは、食べ物に含まれる化学物質に対する体の反応である。水にカルシウムが豊富に含まれている地方では、カルシウムのない水が出る所より、骨格が頑丈になることはよく知られている。また、牛乳、卵、野菜、穀物を常食とする人々は、ほとんど肉だけを食べている人とは何かしら違うこと、異なる栄養素が肉体と精神に影響を与えることなども知られている。それなのに、私たちはこの適応という機能を無視している。

内分泌腺と神経組織は、たぶん栄養状態によって変化するだろう。精神的活動は、組織の持つ体質的なものによって異なるように見える。医者や衛生学者の学説は、その範囲が自分の専門、つまり人間のある一面に限られているから、何も考えずにそれに従うのは賢明でない。

人間が進歩したというのは、体重が重くなったとか、長生きするようになったということを言うのではない。

ほどよい刺激は適応力をさらに高める

人間が環境の変化に適応する機能は、器官の活動すべてに刺激を与える働きがあるように思われる。一時的に気候が変わることは、衰弱した人や快復期の患者によい影響を与える。生活様式、食べ物、睡眠、住む場所などを変えることは、健康状態をよくするのに変化させるのは効果がある。身体が環境の変化に対応しようとして、直ちに生理的、精神的活動が活発になるからである。

どんな要因にしろ、それに適応する速度は生理的時間のリズムによって決まる。気候の変化に子どもは素早く順応するが、大人はずっと遅い。

若い間は、新しい土地に移って、新しい習慣に適応して身体に起こった変化を、永久に身につけることができる。こういう理由により、生活が厳しくなったり、大きな精神的ストレスがかかることが、身体の発達によい影響を与える。こうしたことから、やる気と思い切りのよさを失ってしまった大多数の人々が、それを取り戻すかもしれない。小学校から大学までの画一的で柔弱な生活を、もっとたくましいものに改める必要があるだろう。

そうすれば、厳しい生理的、知的、道徳的訓練に適応することで、人々の神経組織と内分泌腺、さらに精神にも明らかな変化が起こる。

このようにして、体はよりいっそう調和がとれ、活力が増進し、生きていく困難と危険に打ち勝つためにさらに大きな力を得るのである。

10 社会環境に適応するための精神作用

人間は物理的な環境だけでなく、社会的な環境にも適応する。

生理作用と同じく精神作用も、身体が存続する維持されるために最も適切な状態へと変わる傾向がある。精神作用が環境への適応を定めるのだ。自分が属す集団の中で望ましい境遇は、努力しなくては手に入らない。

人は富を、知識を、権力を、そして快楽を欲する。欲望、野心、好奇心、性欲に駆り立てられる。しかし、環境は自分に対して常に無関心であり、時には敵対的ですらある。ゆえに人間は、欲望するものを手に入れるには闘わねばならないことを悟る。

精神は環境の持つ敵意に対し、努力してそれに反応する。そして、学びたいという欲求や働き、所有し支配しようとする意志ばかりでなく、知性や悪知恵も発達する。

征服への情熱は、人それぞれであり、状況に応じて変わってくる。この情熱は、大いなる冒険心をかき立てる。

パスツールはこの情熱に駆られて医学の改革を志し、ムッソリーニ（ベニート・アミールカレ・ムッソリーニ、一八八三－一九四五。イタリアの政治家、軍人）は偉大な国家を建設しようとし、アインシュタイン（アルベルト・アインシュタイン、一八七九－一九五五。ドイツ生まれの理論物理学者）は一つの宇宙の創造へと進んだ。

同じ精神が、人々を泥棒、殺人、金融犯罪へと駆り立て、その勢いで病院、研究所、大学、教会をも建設する。それはまた、人間を巨富へ、あるいは死へ、また英雄的行為へ、あるいは犯罪へと誘う。しかし、決して真の幸福へと導くことはない。

適応とは逃避でもある

適応の第二の様式は逃避である。闘いを放棄し、競争を必要としない社会階層へと下りていくことで、工場労働者になり、無産階級に属する者もいる。また、自分の内部へ逃げ込む者もいる。

しかし、これらの人々は、ある程度は社会集団にも適応し、卓越した知性でそれを征服することさえある。だが、闘いはしない。こういう人は、見た目だけは社会の一員のようであるが、実際には、自分だけの内面の世界に住んでいる。

あるいはまた、次から次へと苦労が続いて、まわりのことが見えなくなる人もある。休みなく働くことを余儀なくされている人は、何にでも適応する。

だから、たとえ子どもを一人亡くしても、数人の子どもの世話をしなければならない母親は、悲しみに暮れているひまがない。不幸な状態に耐えるには、仕事が一番で、アルコールやモルヒネなどよりよほどましである。

幻想と希望もまた、強力な適応の手段である。実際、夢を見たり、大金や健康や幸福を望みながら毎日を過ごす人もいる。希望によって行動が生まれる。キリスト教の道徳では、希望を大きな美徳と見なすが、これは正しい。これによって人間は、逆境にも頑強に対応することができる。

適応の別の姿として習慣がある。悲しみは、喜びよりも早く忘れ去られる。しかし、何もしないでいると、すべての悩みはいっそう深くなる。

11 適応機能の特性について

組織と体液がさまざまな新しい環境にさらされるたびに、適応への機能は多くの様相を示す。それは、ある一つの器官系統だけの特別な現象ではない。その手段はさまざまであるが、目的は常に変わらない。その目的とは、自分が生き残るということなのである。

適応の現れ方はさまざまだが、同一のものであることを考えると、それは器官の安定を図り修復するものであり、その機能によって器官を形成する原因ともなり、外界からの攻撃に耐えて組織と体液を全体として統合するものでもあるように見える。このように、それは実際に存在する一つのもののように思われる。このように抽象化すると、その特性を描くのに便利である。

適応とは、すべての生理作用とその物理化学的成分の一面の姿なのである。

ル・シャトリエの原理と体の内的安定

組織の均衡がよくとれているのに、ある要因がそのバランスを変えようとすると、その要因に反発する作用が起こる。

たとえば、砂糖を水に溶かすと水の温度が下がり、それによって砂糖の溶解度が減じる。これが「ル・シャトリエの原理」である。

激しい筋肉活動をすると、心臓に流れ込む静脈血の量は非常に増え、右心耳の神経によってこのことが中枢神経組織に伝えられる。すると直ちに、中枢神経は心臓の鼓動を促進させる。こうして、余分な静脈血は運び去られる。ル・シャトリエの原理と、このような生理的適応の間には、表面的な類似があるにすぎない。

前者は、物理的手段によってバランスが保たれる、後者は釣り合ってはいないが、安定した状態が生理的作用の助けを借りて持続する。もし、血液の代わりに他の組織の状態が変化しても、同じような現象が起こる。皮膚の一部を切除すると複雑な反応が起こり始め、修復作業が始まり、傷は治る。

どちらの場合も、余分な静脈血および傷が、体の状態を変えようとする要因である。第一の場合は心臓の動きの促進、第二の場合は傷痕の形成にいたる一連の生理作用の連鎖というかたちで、生体を変化させようとする要因に対して抵抗が起こるのである。

適応機能の能力を高める「努力の法則」

筋肉は鍛えれば鍛えるほど発達する。筋肉を動かすと、消耗するどころか強化することになる。器官も使われないと退化する。

生理的機能も精神的機能も、活動すればしただけ機能を増進するということは、観察によって確認されている。

筋肉や内臓器官と同じように、知能と道徳観念も訓練しないと退化する。「努力の法則」のほうが器官状態不変の法則より、よりいっそう重要なのである。
内部環境液の安定が肉体の生存に不可欠であることは疑いもない。しかし、個人の生理的、精神的進歩は、その人の機能活動と努力にかかっている。身体の器官と精神の組織を働かせるのが十分でないと、退化というかたちで適応するのだ。

新しい環境に適応するために、いろいろな方法が用いられる。決して一つの場所や一つの器官に集中せずに、体全体を動員する。

たとえば、怒りは体の器官のすべてを大きく変化させる。筋肉が収縮し、交感神経と副腎が働き始める。そのことで、血圧の上昇、脈搏の増進、筋肉の燃料として使われる肝臓からのブドウ糖の放出などが起こる。

同じように、体が外の寒さと闘うときには、循環器、呼吸器、消化器、筋肉、神経器官が働くことになる。要するに、体は外界の変化には全器官をあげて活動を始め、それに対応するのだ。適応機能を訓練するのは、筋肉を肉体運動で鍛えるのと同じく、身体と精神の発達に必要なのである。

厳しい天候、睡眠不足、疲労、飢えなどに適応するために、すべての生理作用が刺激される。最高の状態に達するためには、人間はすべての潜在能力を活用しなければならない。

適応現象は、常にある特定の目的に向かうが、いつもその目的を達するとは限らない。各個人は、特定の数のバクテリアと、特定のバクテリアの毒性にしか抵抗できない。その数や毒性がそれ以上になると、適応機能は体を守るのに十分でなくなる。そして病気を発症する。疲労や暑さ、寒さへの抵抗も同じである。適応力は他の生理活動と同様、訓練によって増進することは疑いない。

単に病気の要因から遠ざかるだけではなく、努力をして適応機能の能力を高めることで、各人が病気から身を守るようにしなければならない。

要約してみよう。

適応とは組織の持つ本質的な性格の現れとして、つまり栄養作用の一つの姿として考えられる。新しい、予期しない状態の起こり方はさまざまだが、生理作用もそれと同じく多様に変化する。そして、成し遂げようとする目的に向かって自己を形成していく。

組織は、すでにあるものも、まだできていないものも、その空間的な形に応じてたやすく構成していく。胎児が成長していく間、網膜と水晶体はひとつになって、いずれ目が形成される。適応力は、組織および体全体ばかりでなく、組織を構成しているそれぞれの要素にもある性質なのである。

個々の細胞は、ちょうど蜜蜂が巣のために働くように、全体のために行動するように見える。そして、未来のことを知っているようにも思われる。その未来のために、組織は構造や機能を前もって変え、それに備えているのである。

12 現代文明は多くの適応機能を不全化してしまった

消化機能の使い方もまた、昔の人々に比べて変わってきている。古くなったパンや筋の多い肉のような硬い食べ物は、もはや私たちの食卓には上らない。同じように、医者は、あごは硬い食べ物を噛み砕くためにあり、胃は自然の産物を消化するようにできていることを忘れてしまっている。

前にも述べたように、子どもたちは主として、柔らかい、すりつぶした、どろどろになった食べ物と、ミルクで育てられる。そこで、あごや歯や顔の筋肉には、十分に困難な仕事が与えられない。筋肉と消化器官の腺の場合も同様である。食事が頻繁で、規則正しく、豊富なために、人類の生存に重要な役割を果たしてきた適応機能の一つ、つまり飢えへの適応力が不要になる。

断食は人間の組織を純化する

原始的な生活では、人間は長期間飢えにさらされた。食料不足で飢えることがないときでも、自発的に食べ物を断った。どの宗教も断食の必要を強調している。食べ物を与えないと最初は飢餓感が起こり、時々神経が興奮し、その後体力がなくなった感じがする。しかしまた、それによって、はるかに重要な隠れた現象をもたらす。

すなわち、肝臓の糖と皮下に蓄えられている脂肪が消費され、筋肉と腺の蛋白質まで使われる。すべての器官は、血液と心臓と脳を正常な状態に保つために、自分の体を犠牲にするのだ。

つまり、断食は人間の組織に、深い変化を与える行為なのである。

現代人は眠りすぎたり、睡眠が不足したりする。

眠りすぎにはなかなか適応しない。長期間にわたって睡眠不足になると、なおのこと悪い。

しかし、眠りたいときに我慢して起きておくのも大事なことである。眠りに対する闘いは体の各器官を動員するが、訓練によってその力は強くなる。また、意志による努力をも必要とする。

しかし、他の多くのものとともに、この努力も現代の習慣によって抑圧されてしまっている。現代の生活があまりにも便利なため、適応機能の源である体全体の組織は怠惰なままである。

要するに、科学文明によって作られた生活形態によって、何千年もの人類の歴史の中で、決してその活動を止めることのなかった数々の機能が、無益なものとなってしまったのである。

13 自分を強靭な人間に鍛える法

人間が最高に発達するためには、適応機能を十分働かせることが不可欠である。

人間の体は物理的環境の中に置かれており、その状態は変化する。内部の状態は、絶えず器官が活動することで一定に保たれている。このような活動はある一つの器官系統によって一部で行われているものではなく、体全体に拡がっている。

すべての解剖学的器官は、外の世界に対して、生き残るのに都合がよいように反応する。こういう重要な性格が隠れたまま現れなくても、体は不便を感じないということがあり得ようか？　私たちは、変化したり不規則な状態のもとでも生きられるように作られているのではないだろうか？

人間は厳しい気候に身を置き、時には全然眠らなかったり、時には長時間眠ったりし、食事も時には豊かでも、時には貧しくもあった。たゆまぬ努力によって食と住を勝ち取るとき、人間は最高の発達を得ることができる。

筋肉を鍛錬し、疲れて休息し、闘い、悩み、幸せを感じ、愛し、憎んだり、意志が緊張したり緩んだりする必要があるのである。そして、仲間と闘い、自分自身とすら闘わねばならない。胃が食べ物を消化するために作られているように、人間はこういう生活をするように作られているのだ。

苦難が神経に抵抗力をつけて健康を促進させることは、観察すれば分かることである。子どもの時から知的訓練を受け、ある程度の欠乏に耐え、逆境にも適応してきた人が、身体的にも精神的にもどんなに強いか、私たちのよく知っているところである。

逆境こそが強靱な精神と身体をつくる

しかし、貧乏であるからこそ、環境と闘う必要がなくても、人間は十分に発達できることが分かっている。こういう人たちも、やり方こそ違うが、適応によってつくられるのである。

一般に彼らは、自分に鍛錬を課し、あるいは他人によって鍛えられることで、お金と暇から生ずる有害な影響から身を守っている。

封建時代の領主の息子たちは、肉体的にも精神的にも、厳しい訓練を課せられたものである。また、アメリカ合衆国が発展し始めたばかりの頃、鉄道を建設し、企業の基礎を築き、西部を開拓した人々は、意志の力と豪胆さによってすべての障害に打ち勝った。今日、この偉大な人々の子孫の大部分は、働かなくとも富を握っている。彼らは、苦労して環境と闘ったことは一度もない。その結果、概して祖先の持っていた力に及ばなくなっている。ヨーロッパでも、封建時代の貴族や十九世紀の大資本家、大製造業者の子孫の間には、同じ現象が起こっているのである。

14 適応機能を行動にどう取り込むか

結論として、適応とはすべての身体的、精神的活動の一つのあり方である。個人が生存し続けるように、さまざまな活動が自然に集まって起きる。そして本質的に、生存目的のために働く。適応機能のおかげで器官の環境液は一定に保たれ、体はその統合を維持し、病気から快復する。人間の組織は壊れやすく、束の間のものであるが、私たちが生き続けていけるのもまさにこの同じ理由による。

適応は栄養と同じように、必要不可欠のものである。事実、それは栄養活動の一つの姿にすぎない。それなのに、現代生活の体制の中では、こんなに重要な機能に何の考慮も払われていない。このようにおろそかにしたため、身体と精神の退化を生じさせているのだ。

適応機能の知識があれば人間は改造できる

このような活動の様式は、人間が完全に発達するには、絶対必要なものなのである。これが衰えると、栄養機能と精神機能の委縮が起こる。

というのも、この二つの機能と適応機能の区別ははっきりしないからである。適応作用により、器官の諸機能が、生理的時間のリズムと予測できない環境の変化に応じて同時に働き始めるようになる。環境のいかなる変化に対しても、生理的、精神的作用のすべてが対応する。

機能的組織のこういった活動は、人間が外界の現実をいかに直観的に理解しているかを示すものである。この活動が、絶え間なく人間に与えられる物質的、精神的ショックに対するクッションとして働く。それは、人間が生きていけるようにするばかりでなく、体を形成し、また進歩させる要因でもある。これにはきわめて重要な性質がある。

それはある特定の化学的、物理的、心理的諸要素によって簡単に変化するという性質で、私たちはそれをどう扱うべきかをよく知っているのだ。そこで、これらの諸要素を道具として用いれば、人間の諸活動を発達させることにうまく利用できる。

事実、適応機能の知識があれば、私たちは人間を改造し、新たに作り上げることさえできるのだ。

第7章

「知的個人」の確立

1 「人間」の概念・「個人」の概念

「人間」は、現実世界に存在する実体ではない。実際に存在するのは、花子さんや太郎君といった個人である。

「個人」は具体的に存在するものであるから、頭の中で考える一般的な「人間」という概念とは違う。個人は行動し、愛し、悩み、闘い、そして死ぬ。

それに反し、一般的な人間とは、心の中や本の中だけに存在する概念、つまり、プラトン的なイデアである。それは生理学者、心理学者、社会学者が研究の中で用いる抽象理論によって作られている。その性質は「普遍的性格《ユニバーサルズ》」によって表される。

今日、私たちはヨーロッパ中世の哲学者を夢中にさせた問題、すなわち「普遍的性格」が実在するか否かの問題に再び直面している。アンセルムス（一〇三三－一一〇九。イタリア生まれの神学者、哲学者）が、「普遍的性格」の思想を守るためにアベラールに対して歴史的な闘いを続け、八百年を経た今日なお、その響きが残っている。アベラールは敗北した。しかし、アンセルムスもアベラールも、つまり「普遍的性格」が実際に存在することを信じた実在論者も、それを信じなかった名目論者も、そのどちらも同じように正しいのだ。

人間の知力は抽象的な世界の中でしか容易に活動しないので、普遍的概念、すなわち「ユニバーサルズ」の存在を前提にしなくては、科学は成立しない。プラトンにとってと同じように、現代の科学者にとっても、概念《イデア》こそが唯一の真実である。この抽象的真実から、具体的に存在する個人に関する説明が導き出される。

つまり、普遍的概念に助けられて、個々を把握することができる。科学的思考が作り出した人間の抽象的概念によって、個々のものは型ごとにまとめられ、それに名前がつけられる。

この型が示す性質は、およそ各個人に当てはまる。そして同時に、経験によって具体的な事実を考察することで、この型、すなわちイデア、つまりユニバーサルズがより明確なものとなる。こうすることによって、これらの抽象概念がさらに豊かになっていく。できるだけ多くの個々の事例を研究することにより、人間の科学はいっそう発展し、完成する。

プラトンが考えたように、「概念《イデア》」はその美しさこそは永久に変わらないが、人間の心が経験的事実というとどまるところを知らない流れに浸ると、イデアは、直ちに活動し、拡がっていく。

私たちが生きている「現実と象徴の世界」

私たちは二つの異なった世界に住んでいる――それは、現実の世界と、象徴の世界である。

人間とは何かを知るために、私たちは観察と考察（科学的抽象）の両方を利用する。しかし抽象的な概念にすぎないものを、具体的に存在するものと間違えることもあり得る。

そういう場合は、現実世界の事実が象徴として扱われたり、実際に存在する個人が観念上の一般的な人間に見られたりする。

教育者、医者、社会学者の犯す誤りの多くは、そのような混乱から起こる。科学者は機械学、化学、物理学、生理学の技術面には馴れているが、哲学や知的な教養には不案内なので、異なった学問の概念を混同したり、普遍的なものと個々のものとを明確に区別しない傾向がある。

しかし、人間に関する概念においては、一般的な意味での人間と個々に存在する人間とを区別することが肝要なのである。教育、医学、社会学は、個人を扱う学問である。各個人をただの象徴として、つまり一般的な人間として見てしまうと、過ちを犯すことになる。

個性は、事実、人間にとって本質的なものである。個性は、単に生体のある局面にではなく、私たちの全存在に浸透している。そして自己を、世界の歴史の中で独自の存在にさせる。

個性は身体と精神の全体に刻印され、また目には見えないが、この全体を構成しているすべての部分にも刻印されている。

そこで便宜上、各個人を一つの全体として捉える代わりに、器官、体液、精神に分けて考えてみることにする。

2 組織と体液が持つ「個性」について

個々の人間は、顔立ち、身振り、歩き方、知的・道徳的性格が違うことから、区別することは簡単である。もちろん、人はそれぞれ歳を取っていくことで、外見は大きく変わってくる。

ずっと以前にベルティヨン（アルフォンス・ベルティヨン、一八五三－一九一四。フランスの人類学者。犯罪者の身体的特徴を記載、整理し、その鑑定方法を確立した）が示したように、骨格のある部分の寸法によって、外見の変化があっても、個々の人はいつでも識別できる。

指紋もまた、消されることのない特徴である。指紋は人間の本当の署名である。しかし、皮膚のこうした紋様は、組織が持っている個性のほんの一面にすぎない。一般に組織には、形態学的な特徴がはっきりとは現れていない。

ある人の甲状腺、肝臓、皮膚の細胞は、他の人のものと全く同じに見える。心臓の鼓動は、みな大体同じである。このように身体の器官の構造と機能には、個性が刻印されているようには見えないが、しかしもっと精密な検査方法によればその特徴は明確に示される。

ある種のイヌは、非常に鋭い嗅覚を持っており、人込みの中から飼い主特有の匂いを嗅ぎ分ける。同じように人間の組織も、自分自身の体液の特徴と、他人の体液の異質性を感じとることができるのだ。

組織の個性は、次のような方法でも明らかである。

傷の表面に、その患者自身の皮膚と、友人または親戚の人の皮膚を移植してみる。二、三日経つと、患者自身の皮膚は傷に付着し大きくなるが、他人の皮膚はゆるんで小さくなってくる。自分の皮膚は生き延び、他人のものは死ぬ。一見、よく似ているため、組織を交換できるように思えるが、実際はうまくいかない。

確かに一卵性双生児の間であれば、腺の移植は成功するだろう。だが、原則として、ある個人の組織は他人の組織を受け入れることを拒否するのである。たとえば腎臓が移植されて、血液が再び流れ込むと、腎臓は直ちに尿を排出する。初めは正常に働いているが、二、三週間経つとまずアルブミンが、次に血液が尿中に漏れる。そして腎炎のような病気で、急速に腎臓の萎縮が起こる。

しかし、もしその当の動物自身の器官を移植すれば、機能は永続的に回復する。明らかに体液は、どんな検査によっても明らかにできないある構成要素の違いを、他人の組織の中に認めるのだ。細胞はその持ち主特有のものであり、体にこういう特性があるために、今までのところ、治療目的で行う臓器移植は広く行えないのである。

体液も、同じ特性を持っており、それは、ある人の血清が他の人の赤血球に及ぼす影響によってはっきり認められる。血清の影響によって、血球はしばしば凝集する。輸血後に気がつく事故は、この現象のためである。そこで、血液提供者の血球が、患者の血清によって凝集しないということが絶対必要なのである。

ラントシュタイナー（カール・ラントシュタイナー、一八六八－一九四三。オーストリアの病理学者。人間の赤血球が他の人の血清によって凝集されることを確認、今日の血液型学を創始した）の素晴らしい発見により、人間は四つの血液型に分類され、この知識は輸血を成功させる基本となっている。

ある血液型の人の血清は、他の血液型の人の血球を凝集させる。ある血液型の人の細胞が他のどの型の血清によっても凝集しないため、その血液が誰の血液と混じり合っても、何の不都合も生じない、こういう特性は一生を通じて変わらない。

これは親から子へと、「メンデルの法則」の通りに伝えられる。さらに、ラントシュタイナーは特別な血清学の技法を使って、約三十に及ぶ小さいグループも発見した。輸血の際は、この影響は無視してよいが、それぞれの小さいグループの間に、類似点と相違点があることを示したのである。

全く同じ「化学構成」を持つ人間は存在しない

個人の特異性は、器官を移植すると明らかになる。しかし、それを簡単に探り出す方法はない。ある人の血清を、同じ血液型に属する他の人に繰り返し注射しても、何の反応も起こらず、測定できるほどの抗体もできない。

そこで、患者は何の危険もなく、連続的に数回輸血を受けることができる。その場合、患者の体液は、献血者の血清にも血球にも何の反応も示さない。しかし、器官移植の成功をさまたげるような各人特有の相違は、十分に精密な検査を行えば、たぶん、明らかにされるであろう。

組織と体液の特性は、蛋白質と、ラントシュタイナーが「ハプテン」と呼んだ化学的物質によるものである。ハプテンは炭水化物と脂肪質からなる。動物の体内に注射されたとき、ハプテンが蛋白質と結合した結果できる化合物によって、血清中にハプテンに抵抗する抗体が生じてくる。

各人の特性は、ハプテンと蛋白質によって生じた大きな分子の内部組成によるものである。同一民族の人々は、異なった民族の人々より互いに類似している。蛋白質と炭水化物の分子は、多数の原子の集団からできていて、こうした集団の組み合わせの数は、実際、無限にある。地球上に住んでいる人間の大集団の中で、全く同じ化学的構成を持つ人は、おそらくいないだろう。

体内の組織の持つ個性は、細胞と体液を構成している分子と結びついているが、その結びつきの状態はまだ分かっていない。私たちの個性は、自分自身の最も奥深いところに根づいているのだ。

細胞・体液にも「記憶力」がある

こういった「個性」は体のあらゆる構成部分に刻みつけられている。体液や細胞の化学的構成ばかりでなく、生理作用にもそれはある。誰でも外の世界のこと——音、危険、食べ物、寒さ、暑さ、病原菌やウイルスの流行など——に対して、自分なりの反応をする。

たとえば、純血種の動物に、異質の蛋白質、またはバクテリアの入った溶液をそれぞれ同量注射しても、それに対して同じ反応をするものはない。全く反応しないものも、わずかながらある。

伝染病が大流行しても、人はそれぞれの個性に従って反応する。ある者は病に倒れて死ぬ。ある者は病気にはなるが快復する。ある者は全く発症しない。また、ある者は少し影響を受けるが、特別な症状は何も示さない。このように、感染症にも人それぞれの反応がある。
まさに、精神的な意味での個性と同じく、体液にも個性があるのだ。

生理的に体を維持することにも、個性がある。その方法が人によって違うことは、誰もが知っている。その上、一生を通じて一定というわけではない。すべての出来事は体内に記録され、歳を取るにつれ、器官と体液の個性はますますはっきりしてくる。

そして内面の世界に起こることによって、その個性は、いっそう豊かになる。というのは、精神と同様、細胞と体液も記憶する力を持っているからである。

体は、病気になるたびに、あるいは血清注射やワクチン注射を受けるたびに、またバクテリア、ウイルス、異質の化学物質が組織に侵入するたびに、永続的に変化を起こす。これらの現象によって、体内にアレルギー状態——反応の仕方が変化した状態——が生じる。

こうして、組織と体液はますます個性が強くなっていく。老人同士の違いは、子ども同士よりはるかに大きい。それぞれの人の身体に刻まれた歴史の刻印は、各自違っているのだ。

3 「個性の豊かさ」について

精神、構造、体液のそれぞれの個性が、どのように融合しているかは分かっていない。これらは、心理的活動、脳の機能、器官の作用の間にあるのと同じ関係を、相互に有している。これによって、各人の独自性ができてくる。そしてまた、これによって人間は他の誰とも違っている。

一卵性双生児は同じ卵子から発生し、同じ遺伝的素質を持っているが、全く異なった二人の人間である。こういった個性の特色は、器官や体液よりも、精神面にいっそう微妙に現れてくる。

人は誰でも、心理的活動の数、質、強さによって、他人から区別される。全く同じ精神を持つ人は他にはいない。一人の人間の中で、意識の活動がすべて同時に発達することは稀である。たいていの人は精神の活動のある面では弱かったり、不足したりしている。またその強さだけでなく、質にも著しい相違がある。さらに、その組み合わせの可能性も無数にある。

ある人の素質を分析するのは、最も難しい仕事である。精神的個性はきわめて複雑である上、心理テストは不完全であるから、個々の人を正確に分類することは不可能である。

しかし、各人の知的、感情的、道徳的、美的、宗教的特性、およびこれらの特性の組み合わせ、さらにさまざまな種類の生理的活動との関係によって、人をいくつかの型に分類することができる。また、心理的活動と形態学的タイプの間にも、ある明らかな関係がある。

一人ひとりの見た目は、その組織、体液、精神の体質を示している。タイプが非常にはっきりしている人もいれば、どちらとも言えない中間的な人もたくさんいる。そこで、人のタイプはほとんど数えきれないくらいに分類ができてしまうため、そうした分類はほとんど価値がない。

人間には知的・情的・意志的の三つのタイプがある

人間は、大きく、知的タイプ、情的タイプ、意志的タイプに分けられる。それぞれのタイプの中に、ためらい型、うるさ型、衝動型、支離滅裂型、弱者型、分散型、不安定型、また、熟考型、自制型、正直型、常識型などがある。

知的タイプの中にも、いくつかのはっきりしたグループが認められる。

その一つは精神の広いタイプで、きわめて多くのアイデアを持ち、吸収し、調整して、非常に多様性に富んだ知識にまとめ上げる。また、精神が狭く、全体的に広く把握することはできないが、ある一つの問題の細部を完全にマスターするタイプもある。そして大きく統合できるタイプより、細かく分析的なタイプのほうが多い。

また、論理型と直観型のグループもある。偉大な人は直観型が多く、知的タイプと情的タイプの混合したタイプの人も少なくない。

知的な人が同時に感情的で、情熱的で、積極的であったり、また臆病で、優柔不断で、弱かったりもする。その中に、例外として神秘的タイプもある。道徳的、美的、宗教的傾向の特徴によって分けられたグループの中にも同じように、組み合わせによって実にさまざまな型がある。

このような分類は、人間の型がいかに途方もなく変化に富んでいるかを明らかに示している。

人生は自己の適性・潜在能力の引き出し方で決まる

若い人は、自分の適性と独自の精神的、生理的活動に従って、学校や会社といった自分の所属を決めるべきであるが、自分自身を知らないので、なかなかそうすることができない。

両親も教師も、その若者について当人と同じように何も知らない。一人ひとりの子どもたちの性格をどうやって探り出すべきか分からずに、子どもたちを枠の中にはめようとする。

今日、企業は、働く人の個性には何の考慮も払わない。すべての人間はそれぞれ異なっているという事実を無視している。

大部分の人は自分の適性に気づいていないが、誰もが何でもできるわけではない。自分の性格によって、各個人には適応しやすいタイプの仕事や生き方がある。成功と幸福は、自分が環境に合っているかどうかにかかっている。鍵が錠《じょう》にぴったり合うように、人間も自分が所属する社会的グループに適合すべきである。

両親も教師も、まずは、それぞれの子どもの生まれつきの素質と潜在的な可能性を知るように努力しなくてはならない。

4 科学者と医者の役目

病気は状態であって、姿や形があるものではない。私たちは、肺炎や梅毒、糖尿病、腸チフスなどに悩まされている人を見て、観察する。そして、そこに、普遍的特徴や抽象的概念を見出し、それを病気と呼んでいるのだ。

しかし、無数にある個々の観察をただ集めただけでは、医学という科学を確立することはできなかったであろう。個々の観察から抽象化して事実を分類し、単純化しなければならない。

このようにして、病気という概念が出来上がり、医学論文が書かれはじめた。一つの科学が打ち立てられたのであるが、それは初歩的で不完全なものではありながら、便利で、完全にしていく可能性は無限であり、教えやすいものだ。

そして不幸なことに、私たちはこの結果に満足してしまっている。病理学について述べている論文は、医者にとって絶対欠かせない知識のうちの、ごく一部を扱っているにすぎないのだということを、私たちは理解しなかった。医学の知識は、「病気の科学」以上のものでなければならない。医者は、医学書に述べられている病人と、自分が治療すべき患者、それは、診察するだけでなく、何よりも安心させ、力づけ、快復させねばならない患者とを、はっきりと区別すべきである。

医者の役目は、その患者自身の特性、病気に対する抵抗力、痛みに対する感受性、身体的活動の価値、過去と未来を探り出すことである。

ある特定の個人の病気の結果は、可能性を計算することによってでなく、その個人の器官と体液と心理面の特性を正確に分析することによって予測されねばならない。もし、医学が病気の研究だけに閉じこもるならば、それは医学自体が機能不全に陥ることである。

医者の使命と「個の科学」の確立

多くの医者は、まだ抽象的概念だけを追究することにこだわっているが、それとは対照的に、患者について知ることは、その患者の病気に対する知識と全く同じように重要であると信じている医者もいる。

前者のタイプは象徴の領域にとどまることを望み、後者のタイプは具体物を把握する必要を感じている。このように、今日なお、実存論者《リアリスト》と名目論者《ノミナリスト》のヨーロッパ中世からの争いが、医学の中で再燃している。

科学としての医学は象牙の塔の中にこもって、中世の教会のように、普遍的性格は実際に存在するという考えを守っている。そして、アベラールにならって、普遍的性格と病気は頭で考えただけのものであり、存在しているのは患者だけであると考える名目論者を破門扱いにしている。

実際には、医者というものには、実在論者と名目論者の両方の面がなくてはならない。病気ばかりでなく、患者のことも研究しなければいけない。医学が人々から不信感を抱かれたり、治療法が効かなかったり、時に嘲笑されるのは、患者の病気を治すことと、医学的な治療マニュアルに従うことの重要性を混同するからであろう。

医者が成功しないのは、現実とはかけ離れた世界に住んでいるからである。つまり医者は、自分の患者を診ているのではなく、医学論文に報告される病気を見ているのだ。普遍的概念なるものが、実際に存在するのだということを信じた犠牲者なのである。

その上、原則と手段、科学と技術を混同している。個人とは一つの全体であり、適応機能は生体全体の諸系統に及んでいるものであり、解剖学的区分は人為的なものにすぎないことが十分に分かっていない。

体を部分に分けることは、これまでは医者にとって好都合であった。しかし、患者にとっては危険であり、費用もかかるので、結局は医者にとっても不利益となるのだ。

医学は人間の本質、統合性、その独自性を考慮しなければならない。目的はただ一つ、患者の苦痛を和らげ、病気から快復させることにある。

事実、医者は、科学の精神と科学の方法を用いねばならない。病気を診断して認識し、治療できなくてはならないし、予防できればなおよい。医学は精神の訓練ではない。医学自体のために医学を進めたり、それに従事する人の利益のためであったりしては、動機として正当でない。その努力の目的は、もっぱら病人の治癒にあるべきである。

しかし、医学は人間のやることの中で最も難しい。他のいかなる科学にもなぞらえることはできない。医学の教授は普通の教師ではないのだ。他の教授たちとは非常に異なる。

解剖学、生理学、化学、病理学、薬学などの分野は限定され、他の分野とは明らかに区別されているが、医学の教授はその全般的知識をほとんどすべて持たねばならない。その上、正しい判断力と強靭な体力と絶えざる活動が要求される。実験室で研究に没頭する教授よりも、医者は優れた資質を持っていなければならない。科学者とはきわめて異なる仕事を課せられているのだ。


科学者は、象徴の世界にだけ閉じこもっていられる。それに反して、医者は、具体的な現実と抽象的な科学の世界の両方に直面しなければならない。医者は、現象とその象徴を同時に把握し、器官と精神の内部を探り、それぞれの患者ごとに別の世界に入らなければならない。そして、個人についての科学を確立するという、不可能な仕事を実現するように要求される。

たとえば店員が同じスーツの上着をサイズの違う人々に無理に合わせようとするように、医者もそれぞれの患者に、区別なく同一の科学知識を適用しているのかもしれない。

しかし、それぞれの患者特有の性質を見つけ出さない限り、本当に義務を果たしたとは言えない。医者が成功するかどうかは、知識ばかりでなく、各人をそれぞれ異なったものとしている独自の性質を、いかにうまく把握できるかにもかかっているのだ。

5 人間の独自性はどこから生み出されるか

人間の独自性には二つの起源がある。すなわち、その人が発生した「卵子の素質」と、「発育と生い立ち」である。

受精する前に、卵子はどのようにしてその核の半分、各染色体の半分を放出するかはすでに知られている。つまり、それらは遺伝要因である遺伝子の半分であり、染色体に沿って一列に並んでいる。精子のほうも、その染色体の半分を失った後、どのようにしてその頭部が卵子に侵入するか、またどのようにして、いろいろな性格や傾向すべてを備えた肉体が、受精した卵子の核の内部で男性染色体と女性染色体の結合したものから生じてくるかを、私たちは知っている。

この時期には、人は単に潜在的な状態で存在するにすぎない。それは、両親に現れる特性の原因となっている優性因子を含む。また、両親には一生現れず、隠れたままでいた劣性因子をも含む。そして、新しい個体の染色体中での相対的な位置によって、劣性因子がその活動を現したり、優性因子によってその効力が消えたりする。

これらの関係は、遺伝学により「遺伝の法則」として説明されている。それは単に、個人の生まれ持った特徴の起源を示しているにすぎない。これらの特徴は、単に傾向とか潜在的可能性といったものでしかない。受精卵から、胎児、子ども、大人への発育中に、その個人が出会った状況によって、これらの傾向は表に現れたり隠れたままであったりする。それぞれの人の生活史は、その人が卵子であったときに、素質を構成する遺伝因子の性格と配列が独自であったのと同じように、独自なものである。人間各人の独自性は、このように遺伝と発達の双方によるものなのである。

人間をつくる「教育」と「遺伝」

さて、私たちは、個体の性格は遺伝と発達から生ずることが分かった。しかし、個性をつくるのに、各部分がどんな役割を果たしているのかは分からない。遺伝のほうが発達よりも重要なのだろうか、それともその反対であろうか?

ワトソン（ジョン・ワトソン、一八七八－一九五八。現代アメリカの心理学者。初め動物心理の研究に従事、のち行動主義を提唱して従来の意識心理学に挑戦した）らの行動主義心理学者は、教育と環境によって人間を望みどおりの形にすることができるとはっきり述べている。教育がすべてであって、遺伝などは何も関係がないと言うのだ。それに反して遺伝学者は、人間は遺伝を背負っているから、人々を救済するのは教育ではなく遺伝学であると信じている。

しかし、両方の立場の学者とも、こういう問題は論争によってではなく、観察と実験によってのみ解決し得るということを忘れてしまっている。

観察と実験の結果、遺伝と発達の役割は人それぞれ異なり、それぞれの価値を一般的な視点から決めることはできないということが分かった。しかし、同じ両親から生まれ、一緒に同じように育てられた子どもでも、体の格好や身長、神経的素質、知的能力、道徳性などは大きく異なる。この相違は、明らかに先祖に由来するものである。

動物の場合も全く同じである。まだ母親の乳を飲んでいる牧羊犬たちを例にとってみよう。仔イヌが九、十匹ぐらいいると、はっきりとそれぞれの性格の違いが出てくるものである。突然の物音、たとえばピストルの音などに、あるものは地面にうずくまり、あるものは小さな足で立ち上がり、あるものは音のほうへ進むというような反応をする。

また、あるものは一番よい乳首を占領し、あるものはその場所から押しやられる。あるものは母親から離れて歩きまわり、犬小屋のあたりを探検する。あるものは母親から離れない。人に触れられると唸《うな》るものもいるし、黙ったままのものもいる。

同じ環境のもとに一緒に育てられた動物が成長したときに、その性格の大部分は、発達によって変化はしていないことが認められる。内気で臆病なイヌは一生そのままである。大胆で敏捷なイヌは成長するにつれ、時にその性質を失うこともあるが、大体においていっそう大胆かつ機敏になる。

先祖から受け継いだ性質のうち、あるものは利用されず、あるものは発達する。同一の卵子から生まれた双生児は、先天的な性格は同じである。だから最初のうち、一卵性双生児は全く同一である。しかし、もし生まれてすぐ離されて、別々の国で別々の方法で育てられると、その同一性を失う。十八年後か二十年後にははなはだしい相違を示すが、また大きな類似もあり、特に知的観点から見るとよく似ている。

異なった環境に置かれると、素質は同一であっても同じような能力を持った人間になるとは限らない、ということが分かっている。また、環境は異なっても、素質の同一性は消滅しないことも明らかである。発育時の状況によって、潜在的可能性のどれかが現実化するのだ。そして、根源は同一であった二人の人間が相異なってくるのである。

遺伝的要素は個人にどう影響するか

祖先から受け継いだこれら遺伝因子は、個体の形成に、その身体と精神を作り上げるために、どんな影響を及ぼしているのであろうか？

個体の素質は、どの程度卵子の素質に依存するのであろうか？

多くの観察と実験によれば、個性のあるものはすでに卵子の状態の時に現れており、またあるものは内に潜んだままである。そこで遺伝子は、宿命的に発達して必ず個体の素質になるようなやり方によってか、あるいは発達の状態によって、現実になるかもしれないし、ならないかもしれない。

性別は、父と母の細胞が結合した時点で決まる。将来男となる受精卵は、女となるものより染色体が一個少ないか、または染色体が一個萎縮している。このように、男の体のすべての細胞は、女の体のものとは異なっている。

知的障がい、血友病、難聴などが、遺伝によるものであることはよく知られている。癌、高血圧、結核のような、ある種の病気も親から子へ伝えられるが、それは罹りやすい傾向としてである。発達の条件によって、それが実際に現れたり、妨げられたりする。力強さ、機敏さ、意志力、知性、判断力なども同じである。

各個人の価値は、遺伝的素質によってかなり決定される。しかし、人間は純血種ではないし、生まれる者の素質を結婚によって予測することはできない。

6 「知的成長」のメカニズム

メンデルの法則などが示す遺伝的性向により、人間はそれぞれ他人とは違った成長をする。それには、当然、人間を取り巻く環境が意味を持つ。身体と精神の隠れている可能性は、環境の持つ化学的、物理的、生理的、精神的要因を通じてのみ現れてくる。

一般に、遺伝したものと生まれた後に取得したものを区別することは不可能である。ある種の特性、たとえば目や髪の色、近視、精神疾患などは、事実、明らかに遺伝によるものである。しかし、多くの他の特性は、環境が身体と精神に及ぼす影響によるものである。

人間の成長は環境によって違う方向に向かう。そして、生まれつき持っている素質が現れたり、隠れたままであったりする。遺伝による成長の方向性が、成長する際の環境によって大きく変化することは明白である。しかしまた、人は自分自身の法則に従って、あるいは自分の身体組織独自の素質に従って成長するということも認識しなければならない。

子どもの持つ遺伝的性向が、教育と生活様式と社会環境によって、どの程度影響を受けるか予測するのは不可能である。身体の組織と遺伝的構造は、常に神秘に包まれている。

発生源である受精卵に、どのようにして両親、祖父母、曾祖父母の遺伝子が組み込まれているのかは分からない。また、遠い昔の忘れられた祖先の遺伝子も入り込んでいるのかどうかも分からない。さらに、遺伝子そのものが自然に変異して何か意外な性質や能力が突然現れたりはしないか、それも分からない。

先祖から数世代にわたって受け継いだ性質が分かっている子どもが、時々全く新しい、思いがけない面を現すことがある。しかし、ある環境のもとで人に現れることは、ある程度は予測できる。熟達した観察者であれば、仔イヌの場合と同じように、子どもがごく小さいうちに、才能の芽のようなものを見出すことができよう。

成長の条件をどう変えたところで、気の弱い、無感動な、注意散漫で、臆病な、不活発な男の子を、精力に溢れる男や豪胆な指導者に変えることはできない。活力、想像力、大胆さは、完全に環境によるものというわけではないし、また、環境によって抑えられるものでもない。

事実、成長において環境が効果を持つのは、遺伝的素質の範囲内のみ、つまり身体と精神に内在する素質の中だけのことである。しかし、この素質について、正確なことは分からない。

そこで、何か特別な才能が眠っている前提で行動しなければならない。人は、期待されるような才能がないと証明されるまでは、そうした才能が隠れているかもしれないことを前提に、その才能の成長を助けるために、教育を受けることが大切である。

「環境」を活かすも殺すも個人の生き方一つ

環境が持つ化学的、生理学的、心理学的要因は、生まれ持った性質の発達を助けたり、阻害したりする。実際には、これらの性質はある種の身体的形態によってのみ現れる。たとえば、骨格を形成するのに欠くことのできないカルシウムと燐《りん》、あるいは軟骨が骨を形成するのに必要とするビタミン類と腺の分泌物がないと、手足は奇形となり、骨盤は狭くなる。

心理学的な諸要因は、さらに強い影響を与える。それは、人間の知的な面と道徳的な面を形成し、精神を鍛錬したり、だらしなくしたり怠慢にしたり、自己に打ち勝たせたりする。循環機能と腺の機能を変化させ、体の活動や体質を変えたりもする。

心と体を律することは、人間の精神的態度ばかりでなく、身体の器官と体液の構成にもきわめてはっきりした効果を与える。

環境のもたらす精神的影響が、どの程度遺伝による性質を伸ばしたり、または抑圧したりするかは分かっていない。しかし、個人の運命に重大な役割を果たしていることは疑いない。環境は、時には最高の素質を持つ知性をも押し潰してしまう。

人によっては、それによって予想以上に発達することもある。また、弱い者を助け、強い者をいっそう強くする。ナポレオン（ナポレオン・ボナパルト、一七六九－一八二一。フランスの皇帝・革命家）は若い時、プルタークの『英雄伝』を読み、古代の偉人たちのように考え、生きようと努力した。

だから、子どもが、素晴らしいスポーツ選手や偉大な歴史上の人物、すばらしいエンターテイナーを偶像視するのは、決してつまらないことではない。

遺伝的性向がどのようであろうとも、人は成長する環境によって自分の人生の道を歩き始め、あるいは孤独な山へ、あるいは美しい丘へ、あるいは湿地のぬかるみ――ここが大多数の文明化された人々が嬉々として住んでいる所であるが――へと向かう。

個人の身体・精神状態により環境の持つ意味は異なる

人が成長していくときの環境の影響は、その人の身体と精神のコンディションによって異なる。言い換えれば、同じ要因でも異なった人に働きかけた場合、また同じ人にでも人生における異なった時期に働きかけた場合、その効果は同一ではない。

環境に対するある人の反応が、その遺伝的性向に支配されることはよく知られている。たとえば、困難に直面したとき、恐れをなして思いとどまる人もいれば、それに刺激を受けて懸命に努力し、それまで隠れていた可能性を開花させる人もいる。

同じ人でも、病気の前と後では、体は病気の原因に対して、異なった反応を示す。食事や睡眠のとりすぎが与える影響も、若い人と老人では異なる。

はしかは子どもにとっては取るに足らない病気だが、大人にとっては危険な病気となる。さらに、その病気の持つ意味の重さは、その人の生理的年齢とこれまでの生活状態によっても異なってくる。それは、その人が生まれてからこれまで送ってきた生活と、環境のありようにかかわってくるのだ。

Chapter 7

要するに、ある人の遺伝的傾向を実現するのに果たす環境の役割は、正確には定めることができない。組織に内在する特質と成長の状況が、きわめて複雑に入り交じって、それぞれの人の身体と精神を形成しているのである。

7 個人の空間的「大きさ」について

「個人」というのは、独特な活動の中心にある存在である。それは無生物の世界とも、また他の生き物ともはっきり区別されている。そして、その環境にも、仲間の人間にもつながっていて、それなしでは生きていられない。

個人は、外界から独立してもいるし、また依存してもいる、という二重の特性を持っている。しかし、私たちは、どのように個人が他の人と関係しているのか、また、個人の空間的、時間的境界がどこにあるのか分かっていない。

人そのものは、物理的な連続体であって、体の外まで拡がっているものということは信じられる。その限界は、体の表面を超えた所にあるものと思われる。明確な解剖学的輪郭というのは想像上の話であって、人は、実際の体よりはるかに大きく、もっと拡がっていると考えられるのだ。

人間の目で見える体の境界は、一方は皮膚であり、他方は消化器と呼吸器の粘膜である。解剖学的にも機能的にも人体が完全であるために、この境界は侵害されてはならない。

バクテリアがこの境界から侵入し、組織が侵害されると、死につながり、個体は崩壊する。

また、宇宙線、大気中の酸素、光、熱、音波、それに腸が食べ物を消化して作る物質は、これらの境界を超えることができる。これらの境界の表面を通じて、人間の体の内部の世界は外界につながっている。

しかし、この解剖学的な境界は、人間の精神面の個性の境界とは異なる。愛と憎しみは実際に存在していて、私たちはこれらの感情によって、相手との距離はどうあろうとも、確実につながっている。もしこういった形のないつながりを目で見ることができたら、人間は新しい、見馴れない姿に映るだろう。

人間は、その社会的環境と密接な関係があり、自分が所属する集団の中で、ある位置を占めている。そして精神的な絆でそれに縛られているので、その位置は、生命よりも大事に見えるかもしれない。もし経済的失敗や、病気、迫害、スキャンダル、犯罪などでその位置を奪われると、自殺を選ぶことだってあり得る。このように、それぞれの人は、その解剖学的境界を超えて、四方に拡がっていることは明らかなのである。

精神感応による人間の「空間拡散」

しかし人間は、もっと確実に自分を空間に拡散している。

テレパシーという現象では、即座に自分の一部を送り出し、それが遠くの親戚や友人に届くという一種の放射を起こす。このようにして、人間は非常に遠くまで拡がる。短く測定もできないような時間のうちに、大海原を渡り、大陸を超えるかもしれない。群衆の中から、会うべき人を見つけ出すことができる。そして、その人にある情報を伝える。

また、相手やその環境について知らなくとも、広大な都市の中から、探し求める相手の家や部屋を発見することができる。こういう力を与えられた人々は、伸張が可能な生物、驚くほど遠くまで偽足を伸ばせるような、変わった種類のアメーバのように行動する。

催眠術師とその被術者は、目に見えない絆によって結ばれていることが、よく観察される。この絆は、被術者が出しているように見える。催眠術師と被術者間の交信が確定されると、催眠術師は離れた場所から、暗示によって被術者にある行動をとるよう命令する。この時点で、テレパシーの関係が両者の間にできるのである。こういう場合、離れている二人は、それぞれその解剖学的境界内にとどまっているように見えるが、その境界を超えて互いに接触しているのである。

「巨人」が持つ意志と思念の網

思考も電磁波のように、空間のある部分から他の部分へと伝わるように見える。その速度は分からない。

今のところ、テレパシーによる交信の速度を測ることはできない。生物学者も物理学者も天文学者も、超自然的現象の存在を考慮に入れていない。しかしテレパシーは、観察すれば分析する必要なく認めることができる現象である。

もしいつの日か、思考も光と同じように空間を通って移動することが確かめられたなら、宇宙構造の理論は修正されねばならないだろう。しかし、テレパシーの現象は、物理的な要因の伝達によるものかどうかは明らかではない。

おそらく交信し合う二人の間に、空間的な接触はないであろう。実際、私たちは、物理的に連続する四つの次元内で、内なる心は存在しないことを知っている。心は物質的宇宙の中にいると同時に、どこか他の所にも存在している。

そして、岩にはりついてツルを海洋の神秘の中へ漂わせている藻のように、脳細胞に入り込んで、空間と時間の外へ伸び出すのかもしれない。人間は、空間と時間の外にある現実については何も知らない。テレパシーによる交信は、この四次元の宇宙を超えて、二人の人間の心が出会うものとも考えられる。しかし、これらの現象は、個人が空間に拡がることによって起こるものと考えるほうが自然である。

一人の人間の人格が空間的に拡がっているというのは、日常的には考えられないことであるが、ふつうの人たちでも、時に透視のように他人の考えを読みとることがある。たぶん同じような方法で、うわべはありふれた言葉ながら、大衆を感動させ、心服させ、そして人々を幸福へ、戦争へ、犠牲へ、死へと導いていく能力を持つ人がいるのも事実である。

シーザー、ナポレオン、ムッソリーニは、偉大な指導者であり、人間本来のスケールを超えており、自分の意志とアイデアの網で、大群衆を取り囲んでいる。

ある種の人々と自然界との間には、微妙な、はっきりとしない関係がある。こういう人々は時間と空間を超えて拡がり、具体的な真実を把握できる。それは、自分自身から、そしてまた、物理的な連続体から脱《ぬ》け出すように見える。

物質世界の境界を超えてその手を伸ばしてみても、時には無駄で、何ら重要なものを持ち帰らないこともある。しかし、科学や美術や宗教における偉大な予言者たちと同じように、そういった人たちはしばしば、未知なるものの深みの中に、数学的な抽象概念、プラトン的なイデアの世界、絶対の美、神、このような呼び名で呼ばれる、捉えがたく崇高なものを感知するのである。

8 身体と精神は過去と未来につらなる

空間と同じく、時間の面でも、人は身体の境界を超えて伸び拡がっている。

時間的な境界は空間的な境界と同じように、はっきりしたものではなく、固定もしていない。その人自身は現在という時間の枠の外には拡がっていないが、過去と未来に結びついている。人間は、精子と卵子が受精した瞬間から、個体として生存し始める。しかしこの瞬間よりも前に、その個体を構成する諸要素は、両親、そして両親の両親、さらに非常に遠い先祖たちの組織の中に、分散して存在していたのだ。

人間の体は過去に依存し、離れることはできない。自分自身の中に先祖の体のかけらが、数えきれないほど入っているのだ。私たちの素質も欠点も、これらから生じている。

歴史は無視できない。それどころか、将来を予測し、運命に備えるためには過去を知らなくてはならない。

将来に伝える知的遺産

人が生まれた後に身につけた特性は、子孫に伝えられない。細胞の原形質は不変ではない。それは体液の影響を受け、変わるかもしれないし、病気、毒物、食べ物、内分泌腺の分泌物によっても変わり得る。

人はその環境や家や、家族や友人に、自分の刻印をつけていて、それはまるで、自分に取り囲まれるようにして生きている。そして自分の行動を通じて、子孫に自分の素質を伝える。

子どもは長い間、親のもとで育てられているから、親が教えることを何でも学ぶ時間が十分にある。そこで、生まれながらに持っている模倣する能力を用いて、親のようになろうとする。このとき子どもは親の「ありのままの姿」を真似るのであって、社会生活で身につけている親の「仮の姿」を真似るのではない。

一般に、子どもは親に対して、やや軽蔑の含まれた無関心さを抱いているものだ。しかし、自ら進んで、親の無知、低俗さ、我儘《わがまま》、臆病さを真似てしまう。

もちろん、親にもいろいろなタイプがある。子孫に知性、道徳性、美的感覚、勇気などを遺産として残す親もいる。親が死んでも、その特性は自らが成した科学的発見、芸術作品、彼らの創立した政治的、経済的、社会的機関、あるいはもっと簡単に、建てた家とか自身の手で耕した田畑とかを通じて、生き続けていく。

人間の文明は、こういう人たちによってつくり出されたのである。

超自然的な力を持つ人々

将来に対する個人の影響は、その人の時間的な拡がりと同じではない。それは親から子へと直接伝えられる細胞物質の断片というかたちで、あるいは美術、宗教、科学、哲学などの分野においてつくり出したものというかたちで行われる。

しかし時には、人格が本当に生理的寿命を超越して伸び拡がっているように思われる。時間の中を旅することができるという超自然的な力を持った人々がいるのだ。すでに述べたとおり、透視は空間的に離れている事柄ばかりでなく、過去と未来のことも感じとることができ、それは、空間の中と同様、時間の中も楽々と動きまわるように見える。

また、ハエが、絵の表面を歩くかわりにその上を少し離れて飛び、絵をじっと見つめることができるように、体を脱け出して過去と未来を見つめているようにも見える。

未来を予言することによって、私たちは未知の世界の入り口まで連れていかれる。それは、身体の境界の外にまで展開できる、超自然的な何かが存在することを示しているように思われる。

降霊術の専門家はこういった力のある人を、死後もその精神が生き残る証拠であると解釈している。霊媒は、自分には死んだ人の霊魂が乗り移ると信じていて、死んだ人だけが知っている事実を実験者たちに示し、後にその正確さが証明されることもある。

ブロード（チャーリー・ダンバ・ブロード、一八八七－一九七一。イギリスの哲学者）によれば、これらのことは、精神ではなく心霊的要因が一時的に霊媒の体に乗り移ることにより、死後も存続することを示すものかもしれないと解釈されている。

この超自然的な力が人と結合して、霊媒と死者の両方に属する一種の精神を構成するのであろう。これは一時的な存在であり、徐々に分解し、やがて消え去るのであろう。降霊術者の実験によって得られる結果は、非常に重要である。しかし、その意義は明確ではない。

現在のところ、こういった超自然的な力の残存と、霊媒による透視の現象を区別することはできないように思われる。

9 個性の本質について

要約すると、個性とは、単に身体の一つの姿であるだけではない。身体を構成している各部分の基本的特性も形成しているのである。

それは受精卵の中に潜んでいて、その新しい生きものが時間の中で延長するにつれ、徐々にその特性を現していくものである。この生きものの持つ先天的な性向は、環境との闘いの中で表へと現れてくる。そして、適応活動をある方向へ向けさせる。

Chapter 7

実際に身体が環境をどのように役立てるかは、その先天的な素質による。人は環境に対して、自分なりの対応をする。外部の世界のものの中から、自分の特性を伸ばすものを選び取るのだ。人はもろもろの活動の中心にいるのである。これらの活動は、はっきり区別はできるが、分けることはできない。精神と身体、構造と機能、細胞と環境液、多様性と統一性、また影響を与えるものと与えられるもの、これらを分けることはできないのだ。

体の表面が本当の境界ではなく、それは単に人間と外界との間にあって、人間が活動するために絶対必要な裂け目にすぎないことに、私たちは気づき始めている。

人間は、あたかも城壁によって幾重にも取り巻かれている、中世の城のように作られている。内部を守るものはたくさんあって、絡み合っている。皮膚は人間の敵、バクテリアが横切ってはならない砦《とりで》である。しかし人間は、皮膚を超えてずっと広く拡がっている。時空を超えて伸びている。人間は個人の中心は知っていても、外界の境界がどこであるかは気にしていない。もしかしたら、これらの境界は仮定的なものであって、実際には存在しないのかもしれない。人は誰も、自分の先を行く人に結びついていて、その人に従っていく。ある意味で、その人に溶け込んでいる。気体が分子でできているように、人間は分離している粒子が集まって成り立っているようには思われない。それは長い糸が複雑に絡み合ってできている網に似ており、時間、空間の中に拡がり、多くの人々からできあがっている。

個性は明らかに存在しているが、私たちが思っているほどはっきりしたものではない。人が他の人々からも宇宙からも独立していると思うのは、一つの幻想である。

現代人はなぜ精神的、道徳的に脆《もろ》いのか

人間の体は、外界の化学物質で構成されている。これらの物質は体内に入り、その性質に従って変化する。外界から来る化学物質は、組織、体液、器官として一時的に人体の構成部分となるが、それらは一生を通じて、絶えず分解してはまた新たに構成することを続けていく。

そして、人間の死後は生命のない物質の世界へ戻る。人種的、個人的な特性は、ある種の化学合成物から成っていて、真に人間そのものとなる。

一方、体内を通過するだけのものもある。これらは私たちの体の組織の性格には何ら関係なく、ただその存続にだけ関わるもので、ちょうど蠟《ろう》がいろいろな形の像に作られても、その化学的性質は変わらないようなものである。それらは大きな川のように体内を流れ、細胞は、その流れから成長と維持とエネルギー消費に必要な物質を吸収する。

キリスト教の神秘家によれば、人間は外部の世界から、ある精神的要素も与えられているという。大気中の酸素や食物中の窒素が体の組織の中に拡がるように、神の恩寵も精神と身体に満ちわたるのである。

組織と体液は絶えず変化するが、個体の持つ特性は一生を通じて持続する。器官とその環境液は、生理的時間のリズムによって動くが、それは逆行できないリズムであり、確実に変わっていき、最

後には、死へと向かう。

しかし、生まれ持っての素質は常に持ち続ける。それは山に生えているエゾマツの木が、枝の間を通り過ぎる雲によって変化しないのと同じように、物質の流れに浸っていても変化しない。だが、個体の特性は周囲の状況によって、強くもなれば弱くもなる。

この状況が非常に悪ければ、個体は解体してしまう。精神的個性は、時に身体的個性ほどはっきりしていない。

10 「知的個人」確立の条件

現代社会は「個人」を無視する。一般的な「人間」だけを考慮に入れ、普遍的性格が実際にあることを信じ、人を抽象的な概念として扱う。

個人と一般的な人間の概念を混同することにより、産業文明は人を規格化するという根本的な過ちを犯すにいたっている。もし人が皆同じなら、家畜の牛のように群れとして育て、生活させ、働かせることができよう。しかし人は皆、それぞれの人格を持っている。個性を持たない「しるし」のようなものとして取り扱われるわけにはいかない。

学校では子どもたちの個性を無視してひとまとめで教育するから、幼いうちはその弊害もある。

よく知られるように、偉大なことを成した人物は、どちらかというと一人で育てられたり、学校の型にはめられることを拒んできている。もちろん、学校は技術的なことの勉強には欠かせないし、子どもにとって必要な、他の子どもと触れ合う機会が得られる。

しかし教育は、頼りになる絶え間のない指導でなければならない。このような指導は両親の仕事である。親のみが、特に母親が、子どもが生まれて以来、ずっとその生理的、精神的特性を見守ってきたのであり、それを正しく方向づけることこそが教育の目的だからである。

現代社会では、本来、家庭で行われるべき訓練を学校が代わって行っているが、これは大きな誤りである。

母親たちは職業《キャリア》、社会的野心、性的快楽、文学的、芸術的嗜好を満たすために、あるいはただゲームをしたり映画を観に行って怠惰な時を過ごすために、子どもたちを幼稚園に送り込む。

子どもたちが大人と接触し、多くのことを学ぶ場所であるべき家族の集いがなくなったことは、このような親たちの責任である。

たとえば、イヌ小屋の中で、同じ年齢の他の仔イヌたちと育った若いイヌは、両親と一緒に自由に駆けまわって育った仔イヌのようには成長しない。他の子どもたち大勢と一緒に育った子どもと、知的な両親のもとで育った子どもについても同じことが言える。

子どもは自分の周囲で行われる生理的、情緒的、知的活動から、自分の身体、情緒、知性を形成する。同年齢の子どもたちから学ぶことは、ほとんどない。学校ではただの一員にすぎないから、十分成長しないままである。

子どもがその力を十分に発揮するためには、比較的孤独であることと、家族で構成している限られた社会単位によって世話されることが必要なのである。

それと同じく、社会が「個性」を無視することで、大人が萎縮してきている。工場や事務所で働いている人々、大量生産に従事している人々は、自分たちに押しつけられているその生活様式や、その画一的でやりがいを感じられない仕事に耐えることで、何らかの障がいに見舞われる。現代都市の巨大さの中で孤立し、道に迷ったようになる。

労働者は経済的抽象物となり、群れの中の一単位にすぎなくなる。その個性を放棄しており、責任もなければ威厳もない。大衆の上には、金持ちや権力を持つ政治家や悪党がぬきん出ていて、その他の者たちは名もない取るに足らないものにすぎない。

それにひきかえ、小さいグループに属しているとき、村や小さい町に住んでいることで、大都市に住むのに比べ自分の重要性が大きいとき、また、そこで自分の番が来れば自分も有力な市民になれる望みがあるときには、個人は人間のままでいられる。

優れた資質の芽をつむ「悪平等」

「人間」と「個人」の概念を混同したために起こったもう一つの誤りは、民主主義的平等である。今や諸国家は、経験によってこの思い込みを壊しつつある。だから、その誤りを力説する必要もあるまい。

しかし、この平等は驚くほど長く続いていた。どうして人々はこんなに長い間、このような思い込みを受け入れることができたのであろうか？　民主主義という考え方に、人の体と精神の質を考慮に入れていない。それは個人という具体的事実にあてはまらない。

実際、一般的な人間は平等である。しかし、各個人はそうではない。各人の権利が平等というのは幻想にすぎない。

平等の理念は、エリートの成長を阻害することにつながり、結果的に文明の崩壊に力を貸してしまった。反対に、個人の間で見られる相違は、明らかに尊重されなければならない。すなわち、現代社会には、偉大な人も劣る人も、標準的な人も凡庸な人も、すべて必要なのである。

しかし、資質の優れた人を、劣っている人と同じ方法で教育すべきではない。

民主主義の理念に従って人間を規格化したために、弱者が優位に立つようになってしまった。どこでも弱者は強者より好かれる。弱者は助けられ、保護され、時に称賛されることさえある。病人や犯罪者や精神障がい者のように、弱者は大衆の同情をひきつける。個性が崩壊したのは、平等という作り話を信じ、「しるし」を好み、具体的な事実を侮ってきたことに大きな原因がある。

劣等なタイプを引き上げることは不可能であるから、人間に民主的平等をもたらすための唯一の方法として、全員を低いレベルに揃えることになった。こうして、個性が消えてしまったのである。

「個」の確立こそ質の向上につながる

「個人」の概念が一般的な「人間」全体の概念と混同されたばかりでなく、その「人間」という概念の中に異質の要素が持ち込まれたために、その質が低下し、また、本来の要素のうちのあるものは奪われることになった。

人間ではなく、機械の世界に属する概念を人間に適用している。そして思考、道徳的悩み、犠牲、美、平和などをないがしろにしてきている。個人を化学物質として、機械として、あるいは機械の部品として扱ってきたことでその道徳的、美的、宗教的働きを切り取ってしまったのだ。

また、生理作用のうちのある面も無視している。組織と精神が、自分の上に起こる生活様式の変化に対し、どのように対応するのかを考えてみたこともない。適応機能の役割がいかに重要であり、それが無理に休ませられることによっていかに重大な結果を引き起こすかについて、完全に忘れてしまっている。

現在、人間が弱体化したのは、個性を認めないことと、人間がいかにできているかについて無知であることの二つによるのである。

11 力強く豪胆な自己へ

現代の人間は、遺伝と環境、社会が押しつけた生活・思考習慣から生まれたものである。習慣が、どのように身体と精神に影響を与えるかについてはすでに述べた。科学技術によって生まれた環境には適応できないこと、そのような環境は人間の退化をもたらすことも分かっている。

「自然界の法則」を犯した科学技術の大きな罪

しかし、科学と機械が、人間の現在の状態に対し責任があるというわけではない。罪はもっぱら人間にあるのだ。してよいことと悪いことの区別がつけられなかったのである。「自然界の法則」を犯してしまったのだ。

このような大きな罪を犯したからには、必ず罰せられる。科学を盲目的に信じ、産業社会の道徳のみに頼ることで、私たちは、生物学的現実から大きな反発を受けてしまった。

生命は、利便性と引き換えに禁じられたことを犯すように要求されると、要求した者に従わざるを得ない。すると生命は弱体化する。そして文明は崩壊する。

生命のない物質の科学は、人間の本質とは関係のない世界へ人間を導いていった。私たちは盲目的に、物質の科学が与えるものすべてを受け取った。「個人」は狭く小さくなり、細分化され、不道徳で知性が低く、自分自身のことも自分たちの制度もうまく扱うことができなくなってしまった。

しかし一方で、生物学はすべての秘密のうちの最も貴重なもの――人間の身体と精神の発達に関する法則――を明らかにしてくれた。

この知識によって、人間は自己を改新する手段を与えられたことになる。

「人間」に遺伝的素質がある限り、私たちの祖先が持っていた力強さと豪胆さを、現代人に復活させることができるのだ。

しかし果たして、そんな努力に耐え得るだけの力が、私たちにまだ残っているだろうか？

第8章

人間再興の条件

1 自分という素材に何を刻むか

科学は、物質の世界を一変させ、人間に自己革新の力を与えた。生命の神秘的なメカニズムを、科学はだんだんと明らかにしてきている。

科学は、人間が望むとおりの成長をするにはどうすればよいか、精神と身体をどう形成すべきかを示してくれている。人類の歴史上初めて、人間は科学の力を借りて、自分の運命を支配できるようになったのである。

しかし、人間に関するこの知識を、私たちは本当に人間のためになるように用いることができるだろうか？　再び進歩するためには、人間は自分自身を変えなければならない。

しかし、苦しまずには変えることはできない。というのは、人間は大理石であると同時に彫刻家でもあるからだ。その真の姿を現すためには、自分という素材を、自らの手で重いハンマーを振るって粉砕しなければならない。

必要に迫られない限り、とてもそんなつらいことはしたくないだろう。科学技術のもたらした安楽さ、美しさ、素晴らしい機械に取り囲まれている間は、自分を変えていくことがどんなに緊急を要するものかは理解できない。自分たちが退化しつつあるということも認められない。

なぜ、私たちは、自分の存在、生活、思考の様式を変えるよう努力しなくてはならないのか？

日常の「惰性」をどう打ち破るか

しかし幸運にも、技術者、経済学者、政治家たちが、予測しなかったことが起こった。アメリカの財政と経済という、目をみはるような大建造物が突然崩壊したのだ〔訳注：一九二九年以降の大恐慌を指す〕。

最初人々は、そのような破局が実際に起こるとは信じなかった。そして繁栄はいずれ戻ってくると信じて、経済学者の説明を従順に聴き入れた。

しかし、繁栄はまだ戻ってこない。

今日、いくらか頭のよい者は、疑い始めている。

この危機の原因は単に経済的、財政的なものだけであろうか？　政治家や経済界の腐敗と愚かさ、経済学者の無知と幻想にも、罪があるのではなかろうか？　現代の生活は、国民全体の知性と道徳性を低下させたのではなかろうか？　なぜ、私たちは犯罪と闘うために、毎年何十億ドルも払わなければならないのか？　対策に巨額のお金を投じているのに、なぜ犯罪者は勝ち誇ったように銀行を襲撃し、警官を殺し、誘拐し、身代金を要求したり、子どもを殺したりし続けるのだろうか？　なぜ文明化された人々の間に、あんなに多くの知的障がいや精神疾患があるのだろうか？　世界の危機は経済的な原因より、もっと重大な、個人的、社会的な原因によるのではなかろうか？

この世界の衰退にあたって文明を展望すれば、この危機の原因が社会制度ばかりでなく、人間自身の中にありはしないかと、どうしても確かめなければならなくなるだろうと思われる。

そして、人間を変えていくことがいかに緊急の問題であるか、十分に認識することが望まれるのである。


その時、私たちが直面するただ一つの障がいは惰性である。

私たちに再び立ち上がる能力がないということではない。本当のところは、怠惰、堕落、そして、ゆるい柔弱な生活で祖先の素質がすっかり破壊されてしまう前に、経済危機が起こったのである。

一般に、知的無関心、不道徳、犯罪行為は、遺伝ではないことが分かっている。たいていの子どもは生まれた時、親と同じ可能性を潜在的に与えられている。もし真剣に、その生まれつきの素質を発達させたいと思ったら、そうできるのだ。

私たちは、科学の力をすべて自由に用いることができる。この力を他人のために使える人がまだたくさんいる。現代社会は知的文化、道徳的勇気、高潔さ、豪胆さの中心にあるものを、すべて抑圧してしまったわけではない。炎はまだ燃えている。弊害はまだ取り返しがつく。

しかし私たち自身を変えようと思うなら、生活そのものを変える必要がある。それには、物質と精神の両面を大きく変えていかなくてはならない。そして、変革する必要性を認識することと、この改革を実行する科学的手段を有することだけでは十分ではない。科学技術文明が自然に崩壊すれば、現在の習慣を打ち破り、新しい生活様式をつくり出すのに必要な衝撃を起こすことになるかもしれない。

人間変革に必要な行動力と洞察力

このように大きな努力をするための行動力と洞察力を、私たちはまだ持っているだろうか？

一見したところ、なさそうに見える。

なぜなら人間は、お金以外のことには、ほとんど無関心になってしまっているからだ。それでも、まだ望みはあると思われる。

とにかく、この世界を造ってきた人間という種族が、まだ絶滅していないということだ。弱体化したとはいえ、偉大な祖先の素質は、子孫である私たちの生殖細胞質の中にも、まだ存在している。

この素質は、表面には出ていない。祖先は活気に溢れていたのに、その子孫は、近代の産業社会が作り出した多くの労働者階級の中で息が詰まる生活をしている。

その素質の数は少ないが、負けることはないだろう。なぜなら、隠れているとはいえ、素晴らしい力を持っているからだ。

ローマ帝国の没落以降に成し遂げた偉業を忘れてはならない。西ヨーロッパでは、絶え間のない戦争と飢饉と疫病の中で、中世を通して古代文化の遺産を守り抜くことに成功した。

そして、奇蹟が起こった。スコラ哲学によって研ぎすまされた頭脳から、科学が生まれ出たのだ。科学は西洋人によって全く私心なく、科学自体のために、その真実のために、その美のために育てられたのである。この科学は四百年の間に世界を一変させた。

私たちの祖先は、驚異的な努力を成し遂げたのである。そして、子孫である私たちは、その過去を忘れてしまっている。その物質文明の恩恵を今受けている人々も、その文明をつくり上げてきた歴史を無視している。

しかしひとたび成し遂げたことは、もう一度やり遂げることができるのだ。もし今の文明が崩壊するならば、また別のものを打ち立てればよい。

だが、秩序と平和に到達するまでの大混乱によって、悩み苦しむことは避けられないものであろうか？　完全に覆すという血なまぐさい改革を経ることなく、もう一度立ち上がれないものであろうか？　自分自身を変えて、迫りつつある大変動を避け、私たちが向上し続けることはできないのであろうか？

2 量より質、物質より精神の重視を

まず考え方を変えなければ、人間とその環境を元に戻すことはできない。現代社会は最初から、知性が犯した過ち――ルネサンス以来絶えず繰り返されている過ち――に悩んできた。科学技術は科学の精神に従わずに、誤った考え方に従って人間を形成した。今こそ、こうした信条を捨て去る時が来たのである。

まずは、それぞれのものの特性の間に張りめぐらされた境界線、人間のさまざまな姿を隔てる境

界線を打ち壊さねばならない。人間を苦しめる過ちの原因は、ガリレオの偉大な思考を誤って解釈したことにある。

測ることができるものより、測ることができないもののほうが必要

よく知られているように、ガリレオは、測ることのできる大きさや重さといった第一次的性質と、測ることのできない形、色、匂いのような第二次的性質を区別した。すなわち、量的なものと質的なものを区別したのだ。

量的なものは数で表され、人間に科学をもたらした。他方、質的なものは顧みられなかった。物体の第一次的性質を抽象化して数で表すことは正しい。しかし、第二次的性質を無視することは間違いである。この誤りが、重大な結果を引き起こした。

人間には、測ることができるものよりも測ることができないもののほうが重要なのである。思考があるということは、たとえば血清が物理化学的に均衡しているのと同じくらい、基本的に重要なのである。

現代は、デカルトが精神と身体の二元論を唱え始めたときよりいっそう、量的なものと質的なものの分離がひどくなっている。そして、外から測ることのできない精神は説明がつかないものとなった。物質ははっきり精神から切り離され、身体の物理的構造と生理学的機構のほうが、思想や喜怒哀楽、そして真善美より、ずっと現実性があるとされている。

この過ちによって、現代文明は科学を勝利へと導き、人間を退化へと導く道を進むことになった

のである。

ルネサンス人の思想に立ち返ってみる

私たちはもう一度正しい方向を見出すために、ルネサンス人の思想に立ち返って、彼らの精神、彼らの経験的観察に対する情熱、体系を重んじる彼らの哲学をいま一度考え直してみなければならない。彼らがしたように、第一次的性質と第二次的性質を区別しなくてはならないが、同時に彼らとは根本的に異なる態度をとらねばならない。つまり、第二次的性質にも、第一次的性質と同じだけの価値を与えるのだ。

また、デカルトの二元論も排斥すべきである。精神はデカルトの以前そうであったように、物質の中に戻されるだろう。魂はもう、体と分かれないだろう。精神の現れも生理的作用と同じく、手の届く所にあるべきである。

質的なものを学ぶことは、量的なものを学ぶことより難しいのは事実である。人間の精神は具体的な事実では満足せず、抽象化というかたちを好む。しかし科学は、科学自身のためにとか、その方法の妥当性のためにとか、科学そのものの光と美しさのために発達させるべきものではない。科学の真の目的は、人間に物質面と精神面でプラスをもたらすことにあるのだ。

人間の思考で、現実のすべての姿を包むことが絶対必要であって、科学的抽象化の結果残った質的なものを排除せずに、抽象概念そのものと同じように十分役立てるべきである。量的なものだけに注目することや、機械学、物理学、化学などの優位性を許してはいけない。

ルネサンスによって生まれた知的態度と、現実に存在するものに対するその独断的な定義とを放棄すべきである。しかし同時に、ガリレオの時代から人間が発見し制御してきたものは、すべて保持し続けねばならない。科学の精神と技術は、人間の最も貴重な財産だからである。

昔の習慣から脱皮する勇気を持つこと

もっとも、三百年以上にわたって文明人の知性を支配してきた信条から脱け出すのは、難しいことであろう。科学者の大多数は、普遍的性格が実際に存在すること、量的に計測可能なものを重視すること、精神より物質を優位と見なすこと、精神と身体を分離すること、身体より精神が下位に来ることなどを信じていて、この信念を簡単には放棄しないだろう。なぜなら、このような変化は、教育学、医学、衛生学、心理学、社会学を根底から揺るがすものだからである。科学者が大切にしてきた小さな庭は森に変わり、それを開墾しなくてはならないことになるであろう。

科学文明がルネサンス以来たどってきた道を棄て、実際に存在するものを素直に観察するという方法に立ち返るならば、やがて奇妙な現象が起こるであろう。

まず物質が最上ではなくなる。精神活動も生理現象と同じくらいに重要になる。道徳的、美的、宗教的機能の研究も、数学、物理学、化学の研究と同じように、欠くことのできないものになろう。

そして現代の教育方法は、不合理に思われてくる。学校も大学も、教育内容の変更を余儀なくされる。衛生学者は、なぜ身体の病気の予防だけに関わって、精神と神経の疾患を防ごうとしないのかと問われることになる。

彼らはなぜ、精神の健康には注意を払わないのか？　彼らはなぜ、感染症患者は隔離するのに、精神上の病気を伝染させる者は隔離しないのか？　なぜ身体に障がいを起こす原因となる生活習慣は危険だと思うのに、堕落や犯罪や病的興奮を引き起こす生活習慣を危険だとは思わないのか？


人々はいずれ、人体のごく一部しか知らない専門医に診てもらうことに、抵抗を覚えるようになるだろう。

病理学者は器官の障がいと同じく、体液の障がいも研究するようになる。組織に及ぼす精神の影響を考慮し、またその反対も考慮するようになるだろう。また経済学者は、人間は考え、感じ、悩むものであり、仕事と食べ物、余暇だけでは満たされないものであり、生理的要求だけでなく精神的要求を持っていることも分かるようになる。そして経済や財政の危機の原因は、道徳と知性にもあることを認めるようになるだろう。

私たちは、大都市生活の粗野な状態、工場や会社の無理な要求、経済的利益のために道徳的品位を犠牲にし、お金のために精神を犠牲にすることを、もうこれ以上現代文明の恩恵として受け入れるべきではない。人間の真の発達を妨げるような機械的な発明品も、拒否すべきである。

経済がもはや、すべてのことの根本的理由とは思えなくなる。人間を物への信仰から解放することで、人間の生存状態の非常に多くの面が変わることは明らかである。

だから今日の政治や経済は、私たちのこうした考え方がこの方向に進むことを全力をあげて、阻止しようとするに違いない。

物質と精神の調和

一方で、物質主義が失敗したことへの反動として精神主義を引き起こさないよう、警戒しなければならない。科学技術と物質崇拝が成功しそこなったとなると、その反対のもの、つまり精神を崇拝しようとする誘惑が大きくなりがちである。

心理学が優位になるのは、生理学、物理学、化学を優位にするのと同じくらい危険である。フロイトは、最も過激な機械論者以上に有害と言える。人間を精神の面だけで捉えるのは、生理的機能と物理化学的機能のみで捉えるのと同じく、破滅的なことである。

血清の物理的性質、そのイオン均衡、細胞原形質の浸透性、抗体の化学構成などの研究は、夢、性的衝動《リビドー》、霊媒の状態、祈りの心理的効果、言葉の記憶等の研究と同じように、欠くべからざるものである。

物質的なものを精神的なものに取り換えるのでは、ルネサンス人が犯した過ちを正すことにはならないだろう。物質を排除するのは、精神を排除する以上に、人間にとって有害であろう。そして、観察によって得られる事実を全面的に受け入れ、人間はこれらの事実以上でも以下でもないということを悟ることにあるのだ。

3 人間についての膨大な情報をどう役立てるか

こうした観察による事実のみを、人間を変えていくことの基礎としなくてはならない。

第一の仕事は、これをどう利用できるようにするかということである。

私たちは毎年、優生学者、遺伝学者、統計学者、行動主義心理学者、生理学者、解剖学者、生化学者、物理化学者、心理学者、医者、衛生学者、内分泌学者、精神疾患専門家、免疫学者、教育者、社会事業家、聖職者、社会学者、経済学者らによってもたらされる進歩を目にしてきた。

しかし、これらの業績の実際的な成果は驚くほど少ない。この膨大な量の情報は、学術専門誌、論文、科学者の頭脳の中に散乱していて、私たちは断片しか知らない。

今こそ、さまざまな情報の断片をまとめて、少なくとも何人かの人々はそれらの知識を一つの全体に取り込み、この全体を自分のものとして生かせるようにしなくてはならない。

そうしてこそ初めて、人間に関する知識は有効に利用できるようになろう。

こういう仕事には大きな困難が伴う。

どのように断片をまとめるべきか？　人間のどの面を中心に、他の面をまとめていくべきか？　人間のいちばん重要な活動とは何か？　経済的なものか、政治的なものか、社会的なものか、精神的なものか、それとも身体的なものか？　学問のどの分野を発達させ、他のどの分野を吸収していくべきか？

人間とその経済的、社会的世界を作り変えるには、明らかに身体と精神に関する正確な知識――つまり生理学、心理学、病理学の知識によって始められねばならない。

医学は、解剖学から経済学にいたるまでの人間に関する諸科学すべてのうち、最も包括的なものである。しかし、対象を全体として捉えるというにはほど遠い。

医者は、健康なときと病気のときの人間の構造と機能を研究し、病人を治そうとするだけで満足している。その努力は大成功とは言えないことは、知られているとおりである。

医者が現代社会に与える影響は、時に有益であり、時に有害であるように、常に二義的である。例外として、衛生学のように、清潔な環境を好む人間を増やすことで産業社会の助けになっている分野もある。

医学は、その教義が狭いために麻痺していたのだが、その檻《おり》から簡単に脱け出し、もっと有効に人間を助けることができるのだ。約三百年前に、自分の生涯を人類への奉仕に捧げることを夢見た哲学者は、医学は大きな役目を果たし得る、と確信した。デカルトは、その著書『方法序説』の中にこう書いている。

「人間の精神は、その気質や体質に非常に深く依存しているのであるから、もし人間を、今までよりいっそう思慮深く賢明にする方法が見つけられるとするならば、それは医学の分野にこそ探していくべきである、と私は思う。

実際、現在行われている医学には、きわだって役に立つものはほとんど含まれていないことは確かである。現行の医学を軽視するつもりは毛頭ないが、これから学ぶべきことに比べると、今までに知られていることはすべて、ほとんどゼロに等しいものであること、そして肉体的なものも精神的なものも含めた無数の病気から、さらには老齢による衰弱からさえも、もしこれらの障がいの原因と、自然によって与えられたすべての治療法とが十分に解明されたならば、人間は救われるということを認めない者は誰もいない、現在の医学を職業とする者の中にさえ一人もいない、と私は確信する」

真の「人間の科学」と個人形成

医学は、解剖学、生理学、心理学、病理学の助けによって、人間についてのより本質的な知識を得ることができた。その分野を拡大し、身体と精神だけでなく、それらと物質および精神の世界との関係をも含め、社会学と経済学も包含するのはたやすいことであり、こうしてこそ真の「人間の科学」になるのだ。

そうなれば、その目的は単に病気の予防や治療だけではなく、人間の身体的活動、精神的活動、社会的活動すべてにおける発展を導くことになるだろう。そして、自然界の法則に従って、個人を形成することが可能になるだろう。

また、人類を真の文明へと導く仕事に携わる人々を励ますこともできよう。

現時点では、教育、衛生学、宗教、都市計画、社会的・経済的組織は、人間のある一面しか知らない人々の手に委ねられている。製鋼所や化学工場の技師の代わりは、政治家や法律家、文学者、哲学者などには務まらないことは明らかだ。

しかし、実際には、そういう人々が文明人の生理的、精神的、社会的な面での指導をし、さらには、大国の政治さえ動かすという、比較にならないほど大きな責任を与えられるのだ。

医学のカバーする範囲がデカルトの考えに従って拡大され、人間に関する他の科学までも包含するように拡がるなら、人の身体と精神の仕組み、さらに外界と社会生活と人間との関係についてより深く理解している人にもっと活躍する場が与えられるだろう。

崇高な目的に励まされて人間は成長する

これまでの科学を超えた科学の成果は、図書館に埋もれることなく人間の知能を活動させるものとなってこそ、大いに役立つであろう。しかし、たった一人の頭脳で、かくも膨大な量の知識を消化吸収できるだろうか?

どんな人でも、解剖学、生理学、生化学、心理学、形而上学、病理学、医学を修め、さらに遺伝子学、栄養学、発達学、教育学、美学、道徳、宗教、社会学、経済学に精通することなどできるだろうか?

しかし、これを達成するのは不可能とは思われない。たゆまずに約二十五年間学び続ければ、人間はこれらさまざまの学問を学ぶことができる。こういった勉強をし続けた人が五十歳になったとき、その人は人間と人間の文明を、その真の姿に基づいて形成していくように、効果的に指導できる人物となっているだろう。

実際、この仕事に身を捧げる少数の有能な人々は、一般の生活形態（おそらくは結婚も家庭をも）を放棄しなくてはなるまい。

ゴルフやゲームに興じたり、映画を観に行ったり、ラジオを聴いたり、宴会で演説をしたり、委員会に貢献したり、学会、政治集会、学士院会などの会合に出席したり、海を渡って国際会議に参加したりするひまはないだろう。

大学教授のようにではなく、まして実業家のようにでもなく、孤独な修道士のように生きねばならないだろう。

偉大な国家や民族の歴史の中には、社会を救うために自分を犠牲にした人々が大勢いるものだ。進歩のためには、犠牲は必要な条件なのであろう。

しかし、今日でも昔のように、崇高な自己放棄を覚悟している人たちは確かに存在している。その仕事が極度に困難であるのは事実であるが、それができる人は見つかるはずである。

大学や研究所で出会う科学者の多くにはこういった力はないようだが、それは目標が平凡で、生活の範囲が狭く限られていることによるのである。人は崇高な目的に励まされたとき、広い地平線を望んだとき、さらにもう一段成長するものである。

大きな冒険に対する情熱に心を燃やしている人にとって、自分を犠牲にすることはさして難しいことではない。しかも、現代人を、新たにつくり直すということほど、美しく、かつ危険に満ちた冒険は他にないのである。

4 人間形成のための「礎石《そせき》」

人間をつくるためには、さまざまな分野の教育者たちの偏見によってではなく、自然の法則に従って、その身体と精神を育てていくことが必要である。それには幼い時から、工業文明や現代社会の原則や常識に縛られないことが大切である。

「人間の科学」は、その建設的な仕事を始めるにあたって、必ずしも多くの費用を必要とはしていない。すでにある研究機関でも、改修でよければ、それを使用すればいい。このような仕事を成功させるのは、政府の姿勢にかかっている場合もあれば、国民の態度による場合もある。

民主的な国家では、民間が率先して行動しなければならない。教育面、医学面、経済面、社会面において、その信条の多くが失敗であることがいっそう明白になったとき、一般の人々は、おそらくこの状態を改善する必要を感じるであろう。

過去においては、宗教でも科学でも教育でもひと握りの人たちの努力が、その飛躍的進歩をもたらした。

アメリカ合衆国では、衛生学の発達はひとえに、ごく少数の人々のインスピレーションによるものであった。たとえばニューヨークを世界で最も衛生的な都市の一つにしたのは市衛生局に勤務していた職員であった。また、ジョンズ・ホプキンス医学校を設立し、アメリカにおける病理学、外科、衛生学の方面に驚くべき進歩をもたらしたのは無名の青年学者からなる一団だった。

パスツールの頭脳から細菌学が生まれたとき、国民からの寄付金で、パリにパスツール研究所が設立された。フレクスナーほか何人かの科学者の目に、医学の分野において新しい発見が必要であることが明白になってきたため、ジョン・D・ロックフェラーはニューヨークに、ロックフェラー医学研究所を設立したのである。同じく、多くのアメリカの大学に、生理学や免疫学や化学などの進歩を目的とする研究所が、理解のある後援者の寄付金によって設立された。かの偉大なるカーネギー財団とロックフェラー財団は、もっと一般的な意図によるもので、科学的な方法の助けを借りて教育を発展させ、大学の科学のレベルを向上させ、国家間の平和を促進し、伝染病を予防し、全人類の健康と福祉を増進させることを狙いとしている。

これらの活動は必ず、まずその必要性を認識し、それに応じて機関を作ることに始まっている。初め、国は援助しない。しかし、民間の機関によって、否応なしに公立の機関の発達が促されているのである。フランスでも、細菌学は最初、パスツール研究所においてのみ教えられた。後になってすべての国立大学に、細菌学の講座と実験室が設立されたのである。

有能な「総合者」を育成すること

人間を変えていくために必要な諸機関も、おそらく同じような方法で発展するのであろう。いつの日か、どこかの学校や大学で、この問題の重要性を理解する時が来るだろう。わずかではあるが、正しい方向に向かって努力がすでになされ始めている。

生化学から経済学にいたるまで、各研究機関の指導と、それぞれの分野の結果を人間に適用する人々への指導は、専門家に委ねてはいけない。それは、すべての科学を包括する人に任せなくてはならない。なぜなら、専門家は自分の専門分野の研究の発展にのみ過大な興味を持つからである。専門家は、すべての科学を総合する人にとっての、単なる道具に徹しなくてはならない。大きな大学の医学部教授が、彼の大学病院の研究室で、病理学者、細菌学者、生理学者、化学者、物理学者の助けを利用するのと同じように、専門家は総合者に利用されることになろう。

今までこれらの専門の科学者たちは、誰一人として患者の治療について指図されたことはないのだ。経済学者も内分泌学者も、社会事業家も精神分析医も生化学者も、人間については誰もが無知である。専門家は、それぞれの専門分野以外の面では、信頼はできない。

5 人間再興の条件

私たちは、今日の生活様式によって人間の知性面、道徳面、生理面が退化してきたことから、人間を救出しなければならない。

そして、その可能性すべてを発達させ、健康を与え、個性を調和させ、統一を取り戻さなければならない。身体と精神の遺伝的素質を、すべて活用するように誘導し、人間を封じ込めてしまった教育と社会の殻を破らなければならない。

そして、今あるすべての科学体系を拒否せねばならず、さらに、身体と精神の基本的な機能にまで手をつけねばならない。これらの機能こそ、人間そのものなのだ。

しかし、人間は独立した存在ではない。社会や環境に縛られている。だから人間を変えていくためには、その外界も変えなければならない。

自己成長のために現代社会で変えられないものはない

人間社会の構造とその物質的背景、精神的背景をつくり変えねばならないのだ。しかし、社会は簡単に、思うままの形に変えることができるものではない。ましてや、一瞬のうちに変えることなどあり得ない。しかし、人間再興の仕事は、現在の私たちの生活状態の中で直ちに着手せねばならない。各人は、自分の生活状態を変え、思慮を欠く大衆とは少し違う環境を身のまわりにつくり出す能力を持っている。

ある程度、他人から孤立して、自分に身体面と精神面の鍛錬、ある種の仕事、ある種の習慣を課すことにより、精神と身体の両方を支配できるようになる。しかし、もし一人でこれを行えば、その物質的、精神的、経済的環境にいつまでも抵抗することはできまい。

この闘いに勝利を収めるためには、同じ目的を持つ人々と手を組まねばならない。革命は、新しい傾向を湧き立たせ、それを育てていく小さなグループから始まることが多い。


現代社会が信条と仰いでいるものの中で、変えられないものは何一つない。

巨大な工場も、空高く聳《そび》え立つビルも、非人間的な都市も、産業道徳も、大量生産への信頼も、すべて文明にとって不可欠なものではない。

生活も思考も変えられるはずだ。人間を弱体化させる快楽を伴わない文化、贅沢でない美しさ、人間を奴隷にしない機械、物質万能ではない科学によって、人間は知性と道徳観念と活力を取り戻し、自分を最高に成長させることができよう。

6 精神と肉体に深い変化を与える要素

人間に関する知識は、まだきわめて不十分であるとはいえ、人間形成において、すべての潜在的可能性が実現できるよう援助する力はある。もし、私たちの望むところが自然界の法則に適合してさえいれば、その望みどおりかたちづくる手助けはできるのだ。

厳しい自然環境の中で心身を鍛える

気候、土地、食べ物に、物理的、化学的な特性があることは、人間形成の道具として説明できる。持久力と体力が発達するのは概して、山深い土地だとか、季節の変化が激しく霧がしばしば発生し、日が射すことが稀で嵐が猛烈に吹き荒れ、土地が痩せて岩だらけの地方などである。

頑丈で活気溢れる若者を育成する学校は、こういう地方に設置すべきであり、日光がいつも輝いていて温度の変化がなく、暖かい南国的気候の所ではいけない。

アメリカのフロリダやフランスのリヴィエラ地方は、虚弱体質の者、病人、老人に、あるいは一般の人がバカンスを楽しむのに適しているのだ。子どもたちは、暑さと寒さ、乾燥と湿気、灼けつくような太陽と凍るような冷雨、暴風雪と霧――つまり、北国の厳しい気候に耐えるように訓練されると、精神的エネルギー、神経のバランス、身体の抵抗力が増す。

アメリカ北部の人々が臨機応変の才に富み、大胆不敵だったのは、そこには、スペインの太陽とスカンジナビアの冬があるといった、厳しい気候によるものであろう。しかし、これら気候的要因は、文明人が安楽かつデスクワークの多い生活のおかげで厳しい天候から守られるようになって以来、その効力を失ってしまっている。

食べ物の質と量が精神に対して持つ意味

食べ物に含まれている化学合成物が、人間の心身の活動に与える影響はほとんど知られていない。この点に関する医学的見解は、人間を対象に、ある特定の食べ物が与える影響を確かめる実験が、まだ十分な期間にわたって行われたことがないので、ほとんど価値がない。

ただ食べ物の質と量が、精神に影響を与えることは間違いない。

危険を冒し、人を支配し、創造的な仕事をしなければならない人々は、そうではない人たちと同じような食事であってはいけないのだ。

事務所や工場で単調な仕事をしている人々にはどんな食事がよいのか、また、どんな化学物質が新しい都市に住む人々に知性と勇気と敏捷さを与えてくれるのかを見つけなくてはならない。

子どもや若者に、大量のミルクやクリームや、今までに発見されているビタミンのすべてを与えただけでは、国民の健康はきっと向上しないであろう。いたずらに骨格や筋肉の大きさ、体重を増やす代わりに、神経を強くし、知性を活発にする新しい合成物を探すことが最も有益なのである。

たぶん、いつの日か、ある科学者が、普通の子どもから偉大な人物をつくる方法を発見するに違いない。つまり、蜜蜂が普通の幼虫に、自分たちで作った特別な食べ物を与えて女王蜂に変身させるのと、ちょうど同じような方法を発見するのだ。

しかし、化学的要因だけで、個人を大きく改良することはできないだろう。優秀な身体的、精神的形態は、どれも遺伝と成長条件との組み合わせによるものだと思わねばならない。

そして成長の過程で、化学的要因は、心理的要因、機能的要因と切り離すことはできないと考えざるを得ないのである。

7 適応能力と生理的要因の関係について

身体的機能と心理的作用がうまく調和していることは、最も重要な特性の一つである。人は、さまざまな方法により、これを身につけることができよう。しかし、それには常に自発的な努力が必要である。心身のバランスは、知性と自制心に負うところがきわめて大きい。

心身のバランスと知性・自制心の強化

人間には元来、生理的欲求や人為的欲求を満足させるために、アルコールに溺れたり、車のスピードを出したり、めまぐるしい変化を追い求める傾向がある。

しかし、こういった欲望を完全に満足させると、人間は堕落するしかない。そこで人間は、空腹や、眠気や、性的衝動や怠け心や、好きな筋肉運動や好きな酒などを控えることに慣れなければならない。

睡眠と食べ物の取りすぎは、それが不足するのと同じくらい危険なのだ。最初は訓練によって、次にそこに知的な誘因を加えることによって、人間はより強く、かつバランスのよくとれた機能をさらに発達させることができよう。

逆境を生き抜く力

人間の価値は、いかに早く、かつ楽々と逆境に対応できるかにかかっている。こういう機敏さは、多くのさまざまな反射作用と本能的な反応を積み重ねた結果、得られるものである。若ければ若いほど、反射作用を習慣づけることは容易である。子どもは、こういった無意識の知識というべき貴重な財産を蓄積できるのだ。

子どもの訓練は、一番利口なシェパード犬を訓練するのに比べてさえ、比較にならないほどはるかにやさしい。疲れずに走ったり、ネコのように飛び降りたり、よじ登ったり、泳いだり、バランスよく立ったり歩いたり、物事を正確に観察したり、素早く、かつ完全に目を覚ましたり、数カ国語を話したり、服従したり、攻撃したり、身を守ったり、両手を器用に使っていろいろな仕事をしたり、といったことを教えられる。

道徳的習慣も全く同じようにして身につけることができる。

イヌでさえ、盗んではいけないことを学べる。正直、誠実さ、勇気も、反射作用を形成するときに用いるのと同じ方法で、つまり議論や討論や説明抜きで子どもは発達させられる。

ひと言で言えば、子どもには条件反射を植えつけねばならないのだ。


パブロフによれば、「条件付け」とは、結びついた反射作用を確立することにほかならない。それには、動物の調教師が昔からやってきたことを、科学的かつ現代的な方法で繰り返すことである。

これらの反射作用を定着させることによって、不愉快なこととその動物の望むこととの間に、ある関係が確立する。ベルの鳴る音、銃声、そして鞭《むち》のピシリという音でさえも、条件付け次第で、イヌにとって好きな食べ物と同じ意味になる。

これと同じことは、人間にも起こる。人間は未知の国を探検している間、食べ物や睡眠が奪われても苦痛を感じない。身体的苦痛と困難は、望みがかなうならば、容易に耐え忍ぶことができる。

死でさえも、ある種の大冒険の結果や美しい犠牲、神と一体になった魂が本当の真理を分かる経験を伴う場合には、微笑みをもって受け入れられるのである。

8 人間形成と精神的要因の関係について

心理的要因が、人の成長に大きな影響を与えることはよく知られている。私たちは身体と精神を最も発達したかたちにするために、思うままにこの要因を使うことができるのだ。子どもに正しい反射作用を植えつけることによって、その子どもがある状況に対しうまく対応できるようになることについてはすでに述べた。

多くの反射作用を持つ人、つまり条件反射を身につけた人は、予測し得る刺激に対しては上手に反応する。

予想していなかった攻撃や状況に対して、とっさに適切な対応をする能力は、まさに神経組織と諸器官と精神の資質そのものにかかっている。

この資質は明らかに、心理的要因によって発達させることができる。たとえば、知的、道徳的訓練によって、交感神経系統の均衡がよりよく保たれ、すべての身体的活動と精神的活動がより完全に統合されることが分かっている。これらの要因は、外部から働きかけるものと、内部からのものの二つに分けることが可能だ。

第一の部類には、他人や社会環境によって起こされる、反射作用と意識の状態すべてが含まれる。不安定と安定、貧困と裕福、努力、苦闘、怠惰、責任などがそれにふさわしい精神状態を作り出す。第二の部類には、人間を内部から変える要因、すなわち瞑想、精神集中、権力への意志、禁欲などが含まれる。

子どもの知的形成について

人間形成に精神的要因を用いるのは、大変微妙な問題である。しかし、子どもの知的形成を指導することは比較的容易にできる。ふさわしい教師と書物があれば、子どもの内なる世界が、その身体と精神の進歩を促していくことができる。

すでに述べたとおり、道徳的感情、美的感覚、宗教心のような精神的活動の成長は、知能や正規の教育とは無関係である。これらの活動を訓練する助けになる心理的要因とは、社会的環境の一部をなす。だから、子どもたちは適切な境遇に置かれねばならないし、これには、子どもたちをある種の知的な環境で取り巻く必要性も含まれる。

今日の子どもたちに、欠乏、苦闘、困難、真の知的教養などがもたらす成果を与えることは、きわめて難しい。また、強力な心理的要因である内面生活が発達することで得ることのできる利点も与えがたい。この個人的な、外に現れない、みんなで共有することもできないものは、保守的な多くの教育家にとっては、けしからぬ罪悪のように思われる。

しかし、これがなんと言ってもすべての想像力の根源であり、すべての偉大な行為の源泉なのである。これによって、混沌《こんとん》とした新しい都市に住んでいても、人間は、その個性、落ち着き、神経組織の安定を保っていられるのである。

人間が最高に発達するための条件

精神的要因が与える影響は、人それぞれである。そこで、個々の人によって異なる心理的、身体的特性を十分理解している人だけが、精神的要因を適用することができる。

弱い人と強い人、敏感な人と鈍感な人、我儘《わがまま》な人と我儘でない人、知性的な人と愚鈍な人、感情的な人と無感動な人は、それぞれの心理的な要因に対し、その人なりのやり方で反応する。

精神と身体を形成するというこの繊細な仕事に、画一的な方法を適用することはできない。経済的、社会的条件の中には、一般的なものもいくつかあるにはあるが、これはある特定の共同社会の中の各個人によって、ある時は有益に、そしてある時は有害に作用するであろう。

社会学者と経済学者は、生活状態の変化を計画する際は、必ずこの変化がどのような心理的影響を及ぼすか考慮しなければならない。人間は、極度の貧困や繁栄や平和や、多すぎる群衆に巻き込まれた状況や、また孤独の中では進歩しない。

人間は、適度に経済的安定性、余暇、欠乏、闘争心があるときにこそ、最高に発達するのであろう。これらの状況によって受ける影響は、民族によって、また人それぞれによっても異なる。ある人々を押し潰すような出来事が、他の人々を反乱へ、そして勝利へと駆り立てることもある。

私たちは人間を基礎にして、その社会的、経済的世界を形成しなければならない。そして、身体の諸器官の機能が、その完全な活動を継続できるような、心理的環境を与えねばならない。

中・高年期こそ厳しい規律鍛錬が必要である

これらの精神的要因は、成人よりも子どもと青年に、はるかに大きい効果をもたらすため、若い柔軟な時期に、こうした要因は利用されねばならない。

その効果は、目に見えるほど明らかではないが、一生を通じて影響を与え続ける。成人して、時間の価値が減少してくる頃には、精神的要因の重要性はいっそう大きくなる。特に歳を取った人々にとって、精神的要因の活動は非常に有益である。身体と精神が活動し続けていれば、老化は遅らせることができる。したがって人間は、中年期、高年期には、子ども時代よりもっと厳しい規律鍛錬が必要なのだ。

多くの人が早くから衰えるのは、勝手気儘《きまま》な、自分を甘やかす生活によるものである。若者を形成するのと同じ要因によって、老人の退化を防ぐこともできるのだ。

この心理的影響を賢明に利用することによって、多くの人々の老衰を阻止し、知能および、道徳的な財宝が、早ばやと老衰による退化という深淵に落ち込むのを遅らせることができよう。

9 自然な健康こそが大切

健康には、自然な健康と人為的な健康の二種類がある。科学の力によって進歩した医学は、人間に人工的な健康と、ほとんどの伝染病に対する抵抗力を与えてくれた。これは素晴らしい贈り物である。

しかし、人間は病気ではないというだけでは満足せず、特別なダイエット療法、化学薬品、ホルモン剤、ビタミン剤、定期的な健康診断、お金のかかる病院と医者や看護師による治療とケアなどに頼っている。

だが、私たちが求めているのは、伝染病と退行変質性の病気に対する抵抗力と、安定した神経組織に基づく自然な健康なのだ。医学は、身体と精神が、病気、疲労、不安を自然に免れる方法を発見したときにこそ、最高の勝利を収めるにいたるだろう。

現代人を変革するにあたっては、身体と精神がすべて健全に活動し、そこから生ずる自由と幸福を私たちが受け入れて自分のものとすることができるように努力しなければならない。

だが現代医学は人為的な健康、一種の統制的生理学へ向かっている。だから、この自然な健康という構想は、これまでの医学の常識を乱すものであることから、強い反発が予想される。

現代医学の理想は、化学的に作られた薬品を使って組織と器官の働きをコントロールし、不完全な機能は刺激するか取り換えるかし、細菌感染に対する体の抵抗力を増進させ、病気の原因に対する体液と器官の反応を促進することなどである。

私たち人間はまだ、できのよくない機械のようなものであって、絶えずその部品を補強したり修理しなければならないと思っている。デイル（ヘンリー・ハレット・デイル、一八七五―一九六八。イギリスの脳科学者。神経刺激の化学的伝達を研究した）は、きわめて率直に、過去四十年間における化学療法の勝利を称《たた》えている。

それは抗毒性の血清、ワクチン、ホルモン、インシュリン、アドレナリン、チロキシンなどの発見であり、また、砒《ひ》素《そ》の有機化合物、ビタミン類、性機能を調整する物質、あるいは痛みを和らげたり、衰えた自然な活動を刺激したりするために実験室で合成した、数多くの新しい化学製剤である。さらに、これらの物質を製造する巨大な化学実験室の出現のことである。

化学と生理学におけるこの成果はきわめて重要であり、人体の隠れた機構に大きな光を投げかけることは確かである。

しかし、これをもって、健康に向かって努力している人間は、大きな勝利を勝ち得たと祝うべきであろうか？

いや、全くそうではない。生理学は経済学とは比較できない。器官と体液と精神の作用は、経済学的、社会学的現象に比べると、比較にならないほど複雑なのである。

器官・体液と心は一つのものである

人々は、職業としての医学に次第に満足しなくなっている。

医学は人間の真の姿を考慮に入れなければ、人間が必要としているような健康を与えることはできない。

私たちは、器官と体液と心は一つのものであり、それは遺伝による傾向と、成長の諸条件と、環境の持つ化学的、物理学的、生理学的、心理学的要因の結果であることを知った。また健康は、人体の各部分における一定の化学的、構造的な体質、および全体的特質に依存していることも知った。

そこで私たちは各器官の働きをコントロールするよりも、体全体としての機能が効果的に行われるように手を尽くさなければならない。

ある人々は、伝染病と退行変質性の病気、さらに老衰による退化に対して免疫がある。私たちは、そういった秘密を知らねばならない。私たちが手に入れなければならないのは、そのような抵抗力を生み出す体内部のメカニズムについての知識である。自然な健康を得られるならば、人間の幸福がどれほど増すことか、はかりしれないからだ。

衛生学が、感染症や疫病との闘いに勝利したことにより、生物学の研究は研究の焦点を、バクテリアとウイルスから、一部、生理的機能と精神的作用へと移すことができるようになった。今や医学は、器官の損傷を補うだけに満足するのでなく、障がいが起こらないよう予防し、また治すよう努力すべきである。

たとえば、インシュリン投与は糖尿病の症状を一時的にはなくすかもしれない。しかし、病気を治したことにはならないのだ。糖尿病は、原因を発見し、衰えた膵臓の細胞を治すか取り換えるかする方法を発見することによってのみ征服される。

病人に必要な化学薬品を与えるだけでは十分でないことは、明白である。諸器官が、体内でこれらの化学物質を正常に作り出せるようにしなければならない。しかし、腺を正常に働かせる機構について知ることは、これらの腺によって作り出されたものについて知ることより、はるかに奥深い。

人間は今まで、最もやさしい道をたどって歩んできた。今や険しい道に切り換えて、地図にない土地へと踏み入らねばならない。

人間の希望は、退行変質性の病気と精神病を防ぐことにあって、対症療法的にその症状を手当てすることではない。医学の進歩は、さらに大きくて立派な病院や、薬品を作るためのさらに大きくて立派な工場を建設することでもたらされるものではない。

それは、想像力と病人の観察、そして、研究室で静かに考え実験することにかかっているのだ。

そして最終的には、化学的構造という舞台の向こうにある、身体と精神の秘密のベールをはがすことにある。

10 人格の発達について

学校と同じように、工場や会社も変えることができる。

昔は、働く人々は土地と家を持ち、好きな時に好きなように自宅で働き、自分の才能ひとつで製品全体を製作し、創造の喜びを味わえるような産業のかたちがあった。現在、再びこの形態を取り戻すことはできないだろうか。

電力と近代的な機械によって、軽工業は工場という忌《いま》わしいものから解放されることが可能になった。重工業も分散することはできないものだろうか？　あるいは兵役につかせるのと同じように、国中の青年をすべてこれらの工場で短期間だけ働かせるのはどうだろうか？

自分で築く「人間的価値」

あれやこれやの方法で、単純労働をだんだんとなくしていくこともできよう。人間は、大きな群れをなして生活する代わりに、小さな集団で生活するだろう。そうすれば、そのグループの中で、それぞれの人が自分の人間的価値を保てるようになる。単なる機械の一部になる代わりに、一人の人間になるだろう。

今日の労働者の地位は、封建時代の農奴と同じように低い。農奴の場合と同じく、束縛から逃れて独立し、他の人々に対して自分なりの価値を持つという望みはない。

それに反して職人は、いつか自分の店の主人になれるという希望がある。同じように、土地を所有している農民、船を持っている漁師も、懸命に働かねばならないとはいえ、主人は自分であり、時間は自分のものである。

現代の企業体と大量生産は、人間を最高に発達させることはできない。もしそれが事実なら、排除しなければならないのは、文明化された人間のほうではなく、産業化された文明のほうである。

生来の資質を認めて伸ばす

現代社会は、個性を認めるうえで、各人がそれぞれ異なったものであることを受け入れねばならない。人はそれぞれ自分の特徴に応じて役立てられるべきである。私たちは人間を平等にしようと試みるあまり、個々の特性を抑圧してしまったが、この個性こそ実は最も有用なものだったのである。なぜなら人間は、自分の仕事の性格が自分にぴったり適合しているときにこそ、幸福なのだ。

そして、現代社会にはさまざまな仕事が数多くある。人間のタイプも一つの規格にはめられるのでなく、多様でなければならないし、教育方法と生活習慣によって、この生まれつきの個性を保ち、いっそう発展させねばならない。それぞれのタイプは、自分で自分の場所を見つけるであろう。

現代社会は人間がそれぞれ異なることを認めずに、人間を四つの階層――富裕層、労働者、農民、中流――に押し込めてしまった。会社員、警官、聖職者、科学者、教員、大学教授、商店主らが中流の階級に属しており、実際にほぼ同じような生活水準を持っている。

中流に属するこのような人々は、同じグループには属さない、もともとは異なるタイプの人間なのであるが、それぞれの特徴が類似しているからではなく、その経済的な地位によって、同じ中流というグループにまとめられているのである。

明らかに、彼らには共通するものがない。その中では大いに成長できるはずの人々が、いくらその精神的な可能性を発達させようと努力しても、限られた狭い生活のせいで窮屈な状態に追い込まれている。人間を進歩させるには、学校、大学、研究所、図書館、美術館、教会などを建てるだけでは十分ではないのだ。

精神的な方面の仕事に専念している人々には、その素質と精神的な理想に従って、自分の個性を発達させるような手段を提供してやることのほうが、はるかに重要であろう。ちょうど、中世において教会が、禁欲主義、神秘主義、そして哲学的思考に適した生活形態を作り出したように。

私たちの文明における残酷ともいえる唯物主義は、知性の発達を邪魔するばかりでなく、情愛の深い人、穏和な人、弱い人、孤独な人、美を愛する人、お金以外のものを求めている人、感受性が強くて現代の生存競争に耐えられない人々を、押し潰してしまっている。

過去においては、あまりにも優雅であったり、あまりにも未完成であって他の人々と闘うことのできなかった大勢の人たちも、自分の個性を自由に伸ばすことを許されていた。ある者は、自分の中に閉じこもって生きた。ある者は修道院に遁《のが》れた。そこでの生活は貧しく、仕事は厳しくとも、尊厳と美と平和をも見出すことができたのである。

今日、こういうタイプの人は、現代社会の敵意に満ちた状態にではなく、自分の特性を育て役立てるのにもっと適した環境に置かれるべきである。

11 人間が中心の世界

人間が、生理的にも精神的にも調和を取り戻せば、私たちの世界は一変するであろう。

私たちは、自分の体の状態によって世界はその姿を変えるということ、そしてそれは単に、まだ知られていない、そしておそらくは知ることができないものに対する、人間の神経系統と感覚器官と人間の技術の反応にすぎないことを忘れてはならない。

また、精神状態のすべて、夢のすべて、恋人たちの夢ばかりでなく数学者の夢も、すべて同じように真実であるということも忘れてはならない。

沈みゆく太陽は、物理学者には電磁波を意味するが、これは画家が感じる夕日の鮮やかな色彩が客観的には存在しないのと同じように、存在しないのだ。これらの色彩によって、美的感覚が起こることも、それを構成する光の波長を測定することも、人間の持つ二つの面であり、どちらも同じ価値がある。喜びや悲しみは、太陽や月と同じように重要なのだ。

しかし、ダンテ、エマーソン（ラルフ・ワルド・エマーソン、一八〇三－一八八二。アメリカの哲学者、作家）、ベルクソン、ジョージ・ヘイル（一八六八－一九三八。アメリカの天文学者。太陽分光写真の新方法を案出し、太陽の物理的研究に貢献）などの世界は、〔編注：シンクレア・ルイスの描いた〕バビット氏の世界などよりもよりいっそう大きい。宇宙は私たちの精神的、身体的活動が強さを増すにつれて、必ずやその美しさを増すであろう。

既成の「世界」からの解放

私たちは、物理学者と天文学者によってつくり出された世界、ルネサンス以来人間を封じ込めてきた世界から、人間を解放しなければならない。

物質の世界は途方もなく広大ではあるが、人間には狭すぎる。経済環境や社会環境と同じように、人間には適していない。

物質だけが真に存在するのだという信仰にこだわっていることはできない。私たちは四次元の世界の中でのみ成り立っているのではないこと、物理的な連続体、つまり身体の外のどこかに拡がっていることを知っている。人間は物体であると同時に生きものであり、精神活動の中心でもある。

星と星の間の無限の空間という、巨大な空間の中における人間の存在は、全く取るに足らないほど小さなものである。しかし、生命のない物質の分野において、人間は異質なものではない。数学的な抽象概念の力を借りて、星と同じように、電子も理解できるのだ。

人間は地球上の山や海や川の大きさに合うようにつくられている。そして、木や草や動物たちと同じように、地球の表面に生きていて、木や草や動物と一緒にいると心が安まる。

また、美術作品、彫像、近代都市の機械的な素晴らしさ、親友や気の合う小さなグループ、愛する人々に対して、深い愛着を感じている。

しかし一方で、人間は他の世界にも属することができる。それは人間の内面に存在しているが、時間と空間を超越して拡がっている世界である。

どんな困難にもくじけない強い意志があれば、人間はこの限りない世界を旅してまわることができるのだ。科学者、画家、詩人などが深く思いを巡らす美の世界、犠牲と英雄的精神を奮い起こさせる愛の世界、すべての物事の根本原理を情熱的に探し求める人々に、最後にその報酬として与えられる神の恩寵の世界。それこそが、私たちの世界なのである。

12 今こそ人間再興の時

人間改新の仕事に着手すべき時が来たのだ。

計画《プログラム》は特に立てないことにしよう。なぜなら計画によって、生きている現実が型にはめられてしまい、窒息してしまうかもしれないからである。

また、計画は予測もつかないことが現れないようにし、未来を人間の精神の枠の中だけに封じ込めてしまうであろう。

私たちは立ち上がって前進しなければならない。盲目的な科学技術主義から人間を解放し、複雑で、きわめて豊かな、人間本来の性質を把握しなければならない。

生命に関する諸科学は、人間の目的が何であるかを示し、それに到達する方法を私たちの手に委ねている。それなのに私たちはまだ、人間精神とは関係のない諸科学によってつくり出された世界で満足し、人間の発達の法則などには関心を示さない。

それは理性の過ちと、自分たちの真の姿についての無知によって生まれた世界なのであって、私たち人間のためにつくられた世界ではない。

そんな世界に、私たちは適応することはできずにいて、それに対して反逆するだろう。価値を変え、人間が真に必要とするものに従って整理し直し、秩序立てるであろう。

私たちの運命は、私たちの手中にある

今日、人間の科学は、人体に潜むすべての可能性を発達させる力を人間に与えた。そして私たちは、生理的活動と精神的活動の隠れたメカニズムと、その弱さの原因を知った。また、どのようにして自然の法則から逸脱したのかも知った。

なぜ罰せられ、なぜ暗闇の中で道を見失ったかも知った。

そしてまた、暁の靄《もや》を通して、人間の救済へと通じる小道をかすかに見出し始めている。

人間の歴史において初めて、崩れゆく文明が、その崩壊の原因を認めることができたのである。文明は初めて、科学の巨大な力を自由に使えるのだ。

はたして、人間はこの知識とこの力を活用することができるだろうか？　今やこれだけが、過去の文明のすべてに共通した運命から逃れることができる希望である。

私たちの運命は、私たちの手中にある。新しい道に向かって、今こそ前進しなければならない。

■訳者解説

叡智に満ちあふれた名著

「人間」を総合的に捉えようとするカレルのスリリングで荘厳とも言える試み

渡部昇一

ここでは、アレキシス・カレル『人間　この未知なるもの』の翻訳を世に送るにあたって、翻訳にまつわることからまず述べていきたい。

私は職業がら、読むべき本の推薦を求められることが多い。相手が学生の場合、論文指導の場合などは別にして、一般読書のためには私はいつもカレルやヒルティや岩下壮一神父をすすめる。ところが、「カレルが手に入らない」と言ってくる人が多かった。

カレルのような名著、しかも出版後まもなく十八カ国語に訳され、数百万部売れたという本が、今のこの日本で簡単に読めないということは信じられない気持ちであった。この本こそは、今の日本人のすべてが読んでよい本である。

このようなきっかけから、私はこの座右の書の翻訳を引き受けることになった。

元来が医学者の書いた本であるから、術語《テクニカル・ターム》も少なくない、これについて三笠書房から、専門の解剖学者にでも見てもらうことにしようか、という有難いご提案もあったが、考えるところがあっておことわりした。

というのは、これは専門書ではないため、術語が出てきても、その名称自体は二次的で、何を指しているか分かれば十分だと思ったからである。

たとえば、medium《メデアム》という単語が本書の中にしばしば出てくる。辞書をひけばいろいろな意味がある。この本で使われている意味にも、媒質、環境、（標本保存・展示用の）保存液、培養基、（超能力を持った）霊媒などがある。これは、すべて同じ単語の medium の訳語なのだ。

カレルが medium と言ったときは、主として人間の皮膚の組織や器官などを切り取って生かしておく「培養液」というイメージが強かったと思う（彼はその実験で世界的名声を得た人である）。しかし人間の中の細胞も、体液という液体の中で培養されているようなものだというイメージがある。そこでこの「体液」を指すときも medium という単語を用いる。ところが、血液も広い意味では体液であるので、「血液」を指すときにも、あるいは血液とリンパ液を総称するときも medium が用いられることがある。

そのため、「生体内の組織の培養液としての体液」という意味合いで medium が用いられているときは、本書では「環境液」と訳してみた。これが現行の解剖学の術語ではどうなっているかは、この本の性質上あまり問題ではないと思う。

細胞をとりまく環境を作っている液体を指す原語が medium なので、日本語のほうはどう工夫しても所詮《しょせん》は訳語なのである。日常語化している術語はもちろんそれに従ったが、その他はだいたい今述べたような方針で進めた。

カレルの観察や発言（特に最終章）の中には、現在の通念から言うと、少し違った見方ができるのではないかとも思われたが、私はもっぱらカレルの原典の精神を忠実に再現することにつとめることにした。

最近も著名な医学の教授に、「最新の医学から見て、カレルはどのようなものか」とお聞きしたところ、大筋のところは変わっていないであろう、とのことであった。「人間とはいかなるものか」を科学的に考えたい人には、カレルの本は依然として類書の少ない良書なのである。

では、カレルとその生涯の業績の概略を紹介しておこう。

アレキシス・カレル（Alexis Carrel, 1873–1944）はフランス（Sainte-Foy-lès-Lyon《サーント フォア レ リヨン》）に一八七三年六月二十八日に生まれ、ディジョン（Dijon）およびリヨン（Lyon）の大学に学び、一九〇〇年にリヨン大学で医学の学位を取得、そこで二年間、講義用の死体解剖助手をしながら自分の研究をはじめた。しかし、当時の唯物論的医学の風潮が強かったフランスの大学においては、神秘学的な素質のあるカレルの学者としての前途は、明るいものではなかったようである。

それに幻滅を感じたカレルは三十二歳の時（一九〇五年）にカナダに渡り、牧畜業をやろうとする。幸いにシカゴ大学のハル生理学研究所（Hull Physiological Laboratory of the University of Chicago）から声がかかってそこに勤務することになり、牛の牧場を作ることを断念した。さらに幸いなことには、彼の才能がフレクスナー（Simon Flexner,1863–1946）の目にとまり、ニューヨークにあるロックフェラー医学研究所（Rockefeller Institute for Medical Research）にスタッフとして招かれることになった。

フレクスナーは赤痢菌を分離したり、脳脊髄膜炎の治療血清を発展させたすぐれた細菌学者・病理学者であるとともに、他人の才能を見出してその業績を大きく伸ばすという研究組織のリーダーとして稀なる素質を持っていた。

ロックフェラー医学研究所の設立に彼が参加し、そこで指導者の地位にあったことは、カレルのためにも、また日本の野口英世にとっても、いな医学の進歩そのものにとってもきわめて幸いなことであった。フレクスナーなかりせば、カレルも野口もなかったことは、ほとんど確かなことなのであるから。

フレクスナーの下で、ロックフェラー医学研究所の一員として研究するようになってからのカレルは、魚が水を得たように生き生きとし、次から次へと大きな業績をあげた。そして六年後の一九一二年には同研究所の正会員になった。

その年に彼は、血管縫合と内臓移植の新方法の開発によってノーベル生理学・医学賞を授けられた。彼はさらに肉体から切り離された組織を生体外で培養し、無限に生かしておくという可能性の研究を行っている。そして、この当時としては突飛とも言える仮説を実証したのである。

すなわち、彼はまだ卵の中にいる鶏の雛から心臓の組織を一九一二年に取り出し、それを何と一九四六年までガラスの器の中で生かしておくことに成功したのである。つまり明治四十五年に取り出した鶏の心臓の組織が昭和二十一年まで、つまり彼の死後、二年経つまでガラスの器の中で生き続けていたわけである。

この実験は培養液《メディアム》が適切であれば、組織の細胞は普通考えられるよりも何倍の長さにも生きることを証明したわけで、生体を考える上で特別に意味深いものであることは言うまでもない。

ノーベル賞を受賞した翌年の一九一三年に、彼はド・ラ・マリー伯爵未亡人と結婚した。この婦人はアン・ド・ラ・モットの名前でリヨン大学時代から彼の実験助手をしており、カレルがアメリカに来てからもずっと彼の仕事を助けていた人である。

一九一四年に第一次世界大戦が勃発《ぼっぱつ》するや、カレルはフランス軍の軍医少佐としてフランスにもどる。そしてコンピエーニュ（Compiègne）にロックフェラー財団の援助を受けて研究所と陸軍病院を建て、妻とともにそこで働いた。そして一九一九年までそこにいる間、カレルは二人の偉大な学者と出会い、大きな業績をあげた。

その一人は、英国の化学者デイキン（Henry Drysdale Dakin, 1880-1952）である。カレルはデイキンと協力し、外傷に対する、いわゆるカレル・デイキン治療法を開発した。カレル・デイキン液（単にデイキン液とも言う）は画期的な防腐消毒液であって、それは生きている細胞には何の害を与えることなく、血漿の中にあっても効力を失わず、しかも傷口の治療にあたって生きている細胞と死んだ細胞を分けやすくするという。この消毒液のおかげで第一次大戦においては無数の傷病兵の生命が救われ、かつ無数の四肢切断手術が不要になったのである。

もう一人は、フランスの生物学者ピエール・ルコント・デュ・ヌイ（Pierre Lecomte du Noüy, 1883–1947）との出会いである。カレルは彼とともに外傷の治療にあたったが、その経過においてルコント・デュ・ヌイは瘢痕《はんこん》形成の速度を計算する方程式を作り出した。

この方法は本書の中でも紹介されているが、傷口の癒《なお》り方の早さから、患者の生理学的年齢を計算するという方法である。これによって無生物を対象とする物理学的時間とは違う生理学的時間があるということが証明された。

これは本書に出てくる「内なる時間」という概念のもととなっている。

ルコント・デュ・ヌイは十歳年上のカレルを師とし、かつ友とし、絶大な影響を受けた。彼が生物学者として専門の領域にとどまることなく、のちに広く人間の問題を扱った名著を書くに至ったのは、カレルの生き方に従ったものと言ってよいであろう。彼の没年である一九四七年に出版された『人間の運命』（*Human Destiny*）は、明らかにカレルの『人間　この未知なるもの』のスタイルに従っている。十六カ国語以上に訳され、名著としての声価が定まっている。

第一次大戦が終わるとカレルは再びロックフェラー研究所にもどり、大きな実験を続けた。しかし、夏はフランスのブルターニュ海岸の小島（Island of St. Gildas）ですごすのが常であった。

その頃、アメリカの有名な飛行家リンドバーグ（Charles Lindbergh 彼がSpirit of St. Louis号でニューヨーク＝パリ大西洋横断飛行に成功したのは一九二七年）がカレルの仕事に関心を示し、隣の島を買ってしばらくそこに住んだ。彼はカレルの指導を受け、かつカレルに協力して、一九三五年、人工心臓

（心臓ポンプ）を開発した。

そして、この年にカレルは『人間　この未知なるもの』を最初フランス語で、続いて英語で出版する。これはただちに国際的な大ベストセラーとなり、医学や生理学に関係ない人にもカレルの名前は広く知られるようになった。

一九三九年、第二次大戦が勃発すると、カレルは再びロックフェラー研究所を辞任し（名誉メンバーとなる）、六十六歳の高齢にも拘らず、祖国に奉仕するためにフランスに帰り、フランス公衆衛生省の特別任務についた。

彼は子どもに及ぼす栄養不良の影響を研究するためのリサーチ・センターの建設のため八方奔走し、アメリカやスペインでも財政援助を求めたが戦時中のこととて実現しなかった。

ところが一九四〇年、フランスがヒトラーに降伏し、ヴィシー政権が成立するや、カレルはその首相のペタン元帥（Henri P. O. Pétain, 1856–1951）の許可を得、パリにフランス人間問題研究財団（La Fondation française pour l'étude des problèmes humains）を設立した。

ここでは彼の指揮の下で、すべての人間に関する問題が科学的に研究され、実際に応用できるような総合的結論に達することを目ざして仕事が進められた。

しかしこの財団は、彼が一九四四年十一月五日にパリで亡くなる少し前に閉鎖された。いかにもカレルらしい理想の下ではじめられた研究機関であったが、三年ほどしか生命がなかったのは、ドイツ軍占領下のパリという条件の悪さであろう。

また四十年間も勤めたロックフェラー研究所の安定した地位を、二度の大戦の度ごとに辞任してフランスの救援にかけつけたカレルであったが、ヴィシー政権と関係あったことは、第二次大戦後のフランスでのカレルの人気にはマイナスに働いたようである。

カレルを知っている人の評価によると、彼の最も目立つ特徴は「驚くべきバイタリティ」であり、彼の性格を説明する一番よい言葉は「大胆さ」であろう、とのことである。

彼の外見はかなり異様なものであった。身長は低く、頭髪は薄く、頭にきっちり合う黒あるいは白の室内用縁無し帽《スカル・キャップ》をかぶり、鼻眼鏡をかけ、近眼の目は一方が茶色で一方は青色であったと言う。長い間アメリカに住んだので、英語はフランス語同様に上手に書くことができたが、しゃべるときの英語にはフランスなまりが強かった。疑いもなく卓越した自然科学者ではあったが、神秘家的なところがあり、生涯の大部分の間、教会には通わなかったが本質的にはカトリックであった。なお、死ぬ数週間前には正式にカトリック教会に帰依《きえ》し、終油《しゅうゆ》の秘蹟《ひせき》〔編注：カトリック教会に伝わる宗教的儀礼。七つの秘跡のうちの一つ〕を受けている。

『人間　この未知なるもの』の日本語訳としては、序文でも言及した桜沢如一氏のものがある。これは私が最初にカレルに触れた本であるし、一種の迫力ある名文である。桜沢氏が底本に用いたのはフランス語版（*L'homme, cet inconnu.* Paris: Librairie Plon, 1935）であり、今回私が底本に使用したものは英語版（*Man, the Unknown.* New York: Harper and Brothers, 1935 [Halcyon House Edition, 1938]）である。

もちろん両者の間に内容的な相違はないが、表現の上ではかなりの相違がある。同じことでもフランス語版のほうがうまく表現していると思われるところもあるし、英語版のほうがよいと思われるところもある。

また少数ではあるが、片方にあって片方にない箇所もある。フランス語版にあって英語版にない場合で、しかも重要だと思われる場合は、表現を補っておいた。

またドイツ語訳はズュースキントによるものがあるが（W. E. Süskind 独訳。表題は *Der Mensch, das unbekannte Wesen.* List-Bücher, Bd. 45, München: Paul List Verlag, 1955）、これは解説的・意訳的であって、英語版や仏語版で分かりにくいところを正確に理解するのに時々役立った。

著者の名前 Alexis Carrel は、フランス語読みにして表記すればアレキシー・カレルとなるわけだが、日本では（また英語国でも）アレキシス・カレルと言うのが普通であり、また桜沢氏もそうしているので習慣に従った。訳文は日本語としての平明さを第一に考えたので、原文にある勁駿《けいしゅん》な感じを再現できなかったことを惧《おそ》れている。

他の専門的でないカレルの著書には、次のようなものがある。

『祈り』（*La prière*　英訳は *Prayer* 英訳者は Duclie de Ste Croix Wright）——この本はまだ読んでいないので何とも言えないが、内容は本書からほぼ推測できるような気がする。

『ルルドへの旅』（*Le voyage de Lourdes* 英訳は *The Voyage to Lourdes* 英訳者は Virgilia Peterson）——ルルド

は南フランスのスペインとの国境に近い村である。ピレネー山脈に近いこの寒村に一八五八年の二月十一日から六月十六日にわたり、ベルナデッタ・スビルー（Bernadette Soubirous）という十四歳の少女に聖母マリアが現れ、それにひき続き、多くの奇蹟が起こったと言われる。

慎重な医学的調査の末、ローマ法皇はこれを真に奇蹟と判断した。今でも年間三百万人という巡礼がここに出かける。そのうち約五万人は不治と断定された病人や身体障がい者である。

ベルナデッタは後に聖人に列せられた。医学的に治るわけのない器官損傷のある重病人が何人もほとんど瞬間的に治るということは、信心深い人には有難いことであるが、科学者には嘲笑の的となる。

こうした時にカレルはルルドに行き、奇蹟と認めざるを得ないという確信に達するのである。カレルがルルドの奇蹟を認めたことは当時、方々に重大な波紋を起こした。私も二十七歳の時（ドイツ留学中）、盲目者巡礼団の奉仕者の一人として「ルルドへの旅」をカレルに倣って行ったことがあるが、その体験をひと口で説明することは難しい。

『人生の考察』（*Réflexions sur la conduite de la vie*　英訳は *Reflections on Life*　英訳者 Antonia White　独訳の表題は *Betrachtungen zur Lebensführung*　独訳者は Ernst Hubacher 邦訳は杉靖三郎・大竹健介共訳『生命の知恵』。ただしすでに絶版）――私が読んだのは前に述べたように、この独訳版である。『人間　この未知なるもの』には生理学的部分と哲学的部分があるが、本書ではその哲学部分が主である。表題は直訳すると「人生のおくり方についての諸考察」ということになる。人生についての、いかにもカレルらしい意見が示されている。

『日記と断片』（*Jour après jour* 英訳については未詳。独訳は *Tagebuch eines Lebens* 独訳者は Charlotte Tessmer-Hess）――カレルはいわゆる日記は残さなかったが、彼が二十歳の青年の頃から、その後、約半世紀にわたって、彼は絶えず頭に浮かんでくるアイデアや意見を、ノートや手帖や紙片に書き留めておいた。これが彼の死後まとめられたのである。青年の頃に頭に浮かんだことが、いかに四十年後に『人間　この未知なるもの』にまとまっていくかが分かって面白い。断片として記され、出版の意図はなかったと思われる点で、パスカルの『パンセ』と一脈通ずるところがある。パスカルのほうは主題によってまとめられているが、カレルのほうは年代順にまとめられている。断片として提示されているだけに、本としてまとめられた場合より、もっと鋭く、もっと個人的な色彩を帯びている。一断章ずつ読んでは知的興奮を体験したドイツ留学の日々を思い出す。そのほか英訳版の表題で『文明人の形成』（*The Making of Civilized Man*, 1937）があるとのことであるが、まだ見ていない。

次にカレルの専門的な業績をあげておく。そのいずれも私は読んだことがないが、彼の専門の仕事を知る上では参考になる。

「生体外でも組織が生きることの証明」（"Manifested life of tissues outside of the Organism" with M. T. Burrows, 1911）

『細菌感染した傷口の手当て』（*The Treatment of Infected Wounds* with G. Dehelly, 1917）

『器官の培養』（*The Culture of Organs* with Charles A. Lindbergh. 1938）

カレルの伝記としては、Robert Soupault, *Alexis Carrel, 1873-1944*. Paris: Plon, 1952が標準的とされている。

カレルは『人間　この未知なるもの』を書いてからは、広汎な一般読者を得たので、一般新聞雑誌にも紹介記事が出ることがしばしばあった。『タイム』の一九三八年六月十三日号、一九三九年四月二十四日号、『リーダーズ・ダイジェスト』の一九四一年三月号などが、その頃の彼の評判を伝えてくれている。

■編者あとがき

先生が大切にされていた本

「人間」は先生にとって最大の研究テーマであった

江藤 裕之

無類の蔵書家・読書人であった渡部昇一先生（以下、先生）が、人（とりわけ若い人）によく薦められていた愛読書には、ハマトン『知的生活』、ヒルティ『幸福論』、幸田露伴『努力論』に加え、本書カレル『人間　この未知なるもの』があった。先生はカレルのこの本を、自らの知の地平線を広げてくれた「恩書」であると言われ、とても大切にされていた。

先生の愛読者を自称する私も、本書は文庫本に入る前から持っていたものの、読み通すことができず、長い間ずっと放っておいた。先生の文章は、訳文も含め、とても分かりやすいことでは定評がある。ということは、本書について言えば、内容が難しすぎて、私の理解力が及ばなかったということに他ならない。

私は一時期、とある看護大学に勤務していた。もちろん、そこで英語を教えていた。血を見るのも嫌いな私は、医療や看護など無縁なものと思っていたのだが、同僚の先生方の話を聞いているうちに、人間を全体として見るホリスティックな医療という考えがあることを知った。そして、部分の総和が全体になるのではなく、何かがプラスされているらしい、といったことを先生との雑談で話したところ、「江藤君はカレルを読みましたか?」と聞かれた。「読みましたが、わかりませんでした」とも言えず、「はあ」と生返事をして、早速、埃をかぶっていた本書を見つけ出し、あらためて読み返してみた。すると、多少なりとも知的な進歩があったのだろうか、啓発されながら、しかも面白く読み進めることができた。医師のカレルが病気とその治療法だけでなく、人間そのものを考えようとしたことに感銘を受け、タイトルのとおり人間は未知なるものであって、私たちは謙虚でなくてはならないと強く感じた。

医学の「進歩」には、目をみはるものがある。むかしなら確実に死んでいた病気も治すことができるようになった。しかし、その多くは局所的、対症療法的であって、人間の全体を見ていないように思える。カレルのことばを借りれば、専門家はその職業的偏見のゆえに、実際はほんの一部しか分かっていないのに、人間全体を理解していると思い込んでしまう。この点を反省するだけでも、本書を読む現代的な価値があると思う。

先生が鬼籍に入られて三年を超える月日が過ぎ去ってしまった。しかし、書店をのぞくと、いまだに先生の「新刊」が平積みになっている。その多くは、先生のご著書の再版や復刻版、未発表の講演集などであるが、本書もその一つとして数えられるのは本当にうれしい。

二〇二〇年の初めに、三笠書房編集部より、旧版のコアメッセージは残しつつ、表現や分量を改め、『人間　この未知なるもの』の新版を出したいのでお手伝いいただけないかとの連絡をいただいた。思い切って読者に分かりやすく編集しなおしたいというご提案であった。カレルを難しいと思っていたのは、私だけではなかったようで、ひとまず安心した。

先生の訳文に手を入れることは気が引ける作業ではあったが、たしかに、表現や段落の組み方など、さらに読みやすくするために工夫の余地はあると感じた。また、今日の価値観、社会通念に照らし合わせると、受け入れがたい表現や記述もあるのではないかとの懸念もあった。

そこで、適宜、表現やレイアウトを変え、また、カレルの伝えたいことを損なわないように注意しながら、違和感のある箇所については全面的に見直した。一見、簡単なことのようだが、いざやってみると大変な作業だった。サポートをしてくださった関係者の皆さまに心より感謝したい。

また、改訂新版の出版をお許しいただいた、先生のご子息渡部玄一様にもこの場を借りてお礼を申し上げる。

「人間」は先生にとって最大の研究テーマであった。先生お薦めの愛読書を、より読みやすい形で世に出せたことで、わずかばかりではあるが、恩師への恩返しとなれば幸いである。


本書は、小社より刊行した『人間　この未知なるもの』を、再編集のうえ改題したものです。

Man, the Unknown
by
Alexis Carrel
1935

改訂新版《かいていしんぱん》　人間《にんげん》　この未知《みち》なるもの

著　者――アレキシス・カレル
訳・解説者――渡部昇一（わたなべ・しょういち）
編　者――江藤裕之（えとう・ひろゆき）
発行者――押鐘太陽
発行所――株式会社三笠書房
〒102-0072 東京都千代田区飯田橋3-3-1
電話：(03)5226-5734（営業部）
：(03)5226-5731（編集部）
https://www.mikasashobo.co.jp
印　刷――誠宏印刷
製　本――若林製本工場

編集責任者　本田裕子
ISBN978-4-8379-5799-7 C0030